唐　忠
唐晓红
孙泽宇
陈　伟
编著

地方高校涉农党支部『双带头人』模式探索与实践

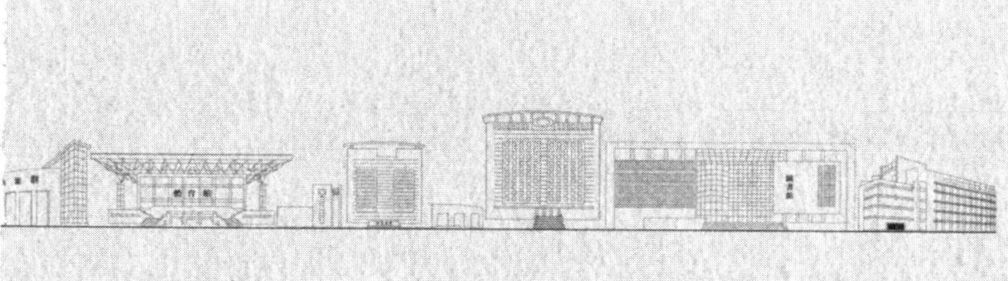

江苏大学出版社
JIANGSU UNIVERSITY PRESS
镇　江

图书在版编目（CIP）数据
地方高校涉农党支部“双带头人”模式探索与实践 / 唐忠等编著. -- 镇江 ：江苏大学出版社，2024. 11.
ISBN 978-7-5684-2282-6
Ⅰ. D267. 6
中国国家版本馆 CIP 数据核字第 2024C38Z62 号

地方高校涉农党支部“双带头人”模式探索与实践
Difang Gaoxiao Shenong Dangzhibu “Shuangdaitouren” Moshi Tansuo Yu Shijian

编　　著/唐　忠　唐晓红　孙泽宇　陈　伟
责任编辑/张　冠
出版发行/江苏大学出版社
地　　址/江苏省镇江市京口区学府路 301 号（邮编：212013）
电　　话/0511-84446464（传真）
网　　址/http：//press. ujs. edu. cn
排　　版/镇江文苑制版印刷有限责任公司
印　　刷/阳谷毕升印务有限公司
开　　本/710 mm×1 000 mm　1/16
印　　张/11. 75
字　　数/210 千字
版　　次/2024 年 11 月第 1 版
印　　次/2024 年 11 月第 1 次印刷
书　　号/ISBN 978-7-5684-2282-6
定　　价/55. 00 元

前 言

高校教师党支部作为全面推进教学科研、人才培养、社会服务等高等教育事业高质量发展的主体，是教育、管理、监督和服务教师党员的基本单位，是把党的路线方针政策落实到高校基层的桥梁和纽带，是办好中国特色社会主义大学的重要支撑。高校教师党支部应在扎实推进党建阵地建设、践行党建与业务深度融合事业中展现担当作为。加强新时代高校教师党支部建设，提升教师党支部的组织力，关键在于抓好党支部书记队伍建设。2018 年，为加强高校党支部建设，中共教育部党组正式发布《关于高校教师党支部书记“双带头人”培育工程的实施意见》。

全国高校思想政治工作会议，以及中共中央、国务院印发的《关于加强和改进新形势下高校思想政治工作的意见》《关于全面深化新时代教师队伍建设改革的意见》，对坚持和加强党对高校的全面领导、加强教师思想政治工作等做出了全面部署，明确提出要实施教师党支部书记“双带头人”培育工程。这一举措是解决高校基层党建突出问题的重要举措。实施高校教师党支部书记“双带头人”培育工程，推动高校教师党支部书记普遍成为党建带头人和学术带头人，让教师党支部书记成为高校基层党建和教学科研工作双融合、双促进、双提高的中坚力量，旨在有效解决高校基层党组织建设中存在的弱化、虚化、边缘化等问题，切实将教师党支部建设成新时代高校基层的坚强阵地。

近年来，江苏多所高校先后获评全国“两优一先”典型，入选全国高校党建工作示范高校、标杆院系、样板支部、全国高校“双带头人”教师党支部书记工作室等，总数位居全国前列。一个个令人振奋的数据，体现了江苏省深入推进党组织“强基创优”建设计划，健全完善党对高校全面领导的制度体系，着力加强基层党组织体系建设，全面提升基层党组织组织力，推动高校党建质量全面创优、全面提升，以及努力打造高质量党建“江苏品牌”的决心。

江苏大学高度重视教师党支部书记“双带头人”培育工作，通过建强组织、育强“头雁”、做强融合等创新举措，实行靶向培育，取得了较好成效。学校入选首批江苏省党建工作示范高校，多个基层党组织入选全国党建工作标杆院系、全国党建工作样板支部、教育部高校“双带头人”教师党支部书记工作室等培育创建单位，获评“全国高校黄大年式教师团队”，荣获全国创新争先奖等，“三纵三横”组织工作经验被《中国教育报》深度报道。学校出台了《江苏大学推进教师党支部书记“双带头人”培育工程实施意见》，落实主体责任，将教师党支部建设纳入二级党组织抓基层党建述职评议的考核内容；推进工作室阵地建设，在经费保障、教学科研、晋职晋级、组建团队等方面提供支持，建立干部选任优先激励机制。

江苏大学农业工程学院党委是第三批“全国党建工作标杆院系”创建单位，创立了“以人民为中心，以‘三农’为轴心”党建工作法，推进党建与业务深度融合，在农机科研与育人领域创造了多项国家第一，先后获评江苏省先进基层党组织、江苏省高校先进基层党组织，近三年接待省部级领导考察 10 余次。江苏大学以教育部“三全育人”综合改革试点为重点，鼓励教师党支部书记探索党建新举措，推动党建工作与“三全育人”综合改革深入融合。

江苏大学前身——镇江农业机械学院，是为贯彻毛泽东同志关于“农业的根本出路在于机械化”的重要指示，于 1960 年由南京工学院（现东南大学）分设独立建校的。学校作为国内最早设立农机专业、最早系统开展农机教育的高校，坚持立足江苏、服务全国，始终以推动我国农业机械化、现代化为使命，培养了我国第一批农机本科、硕士，以及第一位农机博士、博士后，为我国农业装备人才培养、科技创新，为推动农民增收、农业发展和农村稳定做出了积极的贡献，形成了“工中有农，以工强农”的鲜明办学特色和独特的文化情怀，是一所典型的涉农地方高校。学校将充分发挥教育部高校“双带头人”教师党支部书记工作室的“样板田”“示范区”作用，创新工作方法，创建平台载体，创立典型示范，辐射带动全校教师党支部建设和教师思想政治工作质量整体提升。

本书在撰写过程中得到了江苏大学及校党委组织部、农业工程学院党委相关领导的大力支持和帮助，他们提供了重要的参考资料。本书主要围绕地方涉农高校党支部“双带头人”模式的探索，梳理了党和国家相关政策、相关领域专家的基本观点、地方涉农高校的普遍做法，详细阐述了江苏大学及其农业工程学院，以及江苏大学农业工程学院收获装备研究院教工党支部（教育部第三批高校“双带头人”教师党支部书记工作室创建单位）的具体探索过程与实践经验。书中所提到的“本支部”“本‘双带头人’工作室”，即为江苏大学农业工程学院收获装备研究院教工党支部及其“双带头人”教师党支部书记工作室。书稿完成后，院党办主任唐晓红老师进行了细致的校对工作。本书的出版得到了江苏高校优势学科建设工程（四期）的资助及“强国行”团队的支持。在此，特向所有鼓励、关心、支持和帮助本书撰写与出版的单位和个人表示衷心的感谢！

由于编著人员水平有限，书中难免存在疏漏或不当之处，敬请读者批评指正。

目　录

第一章 绪 论

第一节　新时代高校教师党支部书记“双带头人”培育工程的时代背景

高校基层党支部是分布在高校教研室、实验室、教学科研团队、学生班级的“火车头”，是党联系和团结师生、做好思想政治工作的组织依托。以教师党支部书记“双带头人”培育工程建设提升高校基层党支部组织力，具有深刻的时代意蕴。2018 年，为加强党对高校的全面领导，深入贯彻落实中共中央、国务院印发的《关于加强和改进新形势下高校思想政治工作的意见》，根据中共中央组织部（以下简称中组部）、中共教育部党组印发的《高校党建工作重点任务》的要求，按照中共教育部党组关于写好教育“奋进之笔”的总体部署，教育部提出实施高校教师党支部书记党建带头人、学术带头人培育工程（以下简称“双带头人”培育工程）。

2018 年 5 月，中共教育部党组发布《关于高校教师党支部书记“双带头人”培育工程的实施意见》，第一批高校“双带头人”教师党支部书记工作室（以下简称“双带头人”工作室）建设工作正式启动。2020 年 10 月启动了第二批，2024 年 1 月启动了第三批，至今已培育了一大批优秀的教师党支部书记“双带头人”。“双带头人”工作室建设的核心是深入学习贯彻习近平新时代中国特色社会主义思想以及党的十九大、党的二十大精神，全面贯彻党的教育方针，按照新时代党的建设总要求和新时代党的组织路线，以建设目标为引领，推动党建和思想政治工作上台阶，着力把高校教师党支部书记队伍建设成党建和业务双融合、双促进的中坚力量。

高校“双带头人”工作室建设是在健全和完善符合高校实际、兼顾学科专业特点、可示范可推广的“双带头人”教师党支部书记培育工作体制机制，能够提升高校党建和思想政治工作质量，为扎根中国大地办好社会主义大学提供坚强保证，对“破解基层党支部建设‘最后一公里’难题，具有重要意义”①。

高校“双带头人”培育工程是新时代党加强与改进高校基层党组织建

---

① 邓怡．新时代提高高校教师党支部书记“双带头人”培育工程建设实效性的三个维度［J］．北京教育（德育），2021（1）：18.

设的一项重要举措。第一，以“双带头人”培育工程建设提升高校基层党支部组织力，是学习贯彻习近平新时代中国特色社会主义思想的内在要求。高校教师党支部建设既要遵循中央对加强基层党组织建设的一般要求，又要把握高校党的建设的特殊性。第二，以“双带头人”培育工程建设提升高校基层党支部组织力，是高校永葆高等教育初心、坚持正确办学方向的基础工作。教育是国之大计、党之大计，教师是立教之本、兴教之源。建设政治素质过硬、业务能力精湛、育人水平高超的高素质教师队伍，是培养能够担当民族复兴大任的时代新人的基础性工作。第三，以“双带头人”培育工程建设提升高校基层党支部组织力，可以打通高校党支部建设“最后一公里”。

一、新时代高校“双带头人”培育工程总体要求

高校教师党支部是党组织在高校开展工作的基本单元，接地气，党员形象展示最直观，对师生最有影响，已成为党建的重要阵地，担负着教书育人、服务社会的重要职责，其组织力和政治功能亟需提升。

1. 总体要求

以习近平新时代中国特色社会主义思想为指导，全面贯彻落实党的精神，通过实施高校“双带头人”培育工程，力争实现党支部书记“双带头人”选拔方式全覆盖，使教师党支部书记普遍成为“双带头人”，有力彰显党支部书记的“头雁效应”。

2. 培育任务

严格遵循党章党规，从具有副高级以上专业技术职务（职称）或者博士研究生学历学位的优秀党员教师中选任，既要政治强，具备过硬的思想政治素质，又要业务精，在教育教学、科学研究等方面业绩突出。教育部将面向全国高校，以 3 年为一个周期，支持建设一批“双带头人”工作室，总结凝练、推广应用成熟经验举措。

3. 工作原则

（1）突出政治建设。把坚定正确的政治方向放在“双带头人”教师党支部书记培育工作的首位，严明党章党规党纪，引领带动广大教师牢固树立“四个意识”、坚定“四个自信”。

（2）坚持双向提升。把符合条件的学术带头人培养选拔为教师党支部

书记，把有条件的教师党支部书记培养成学术带头人，实现高校基层党建工作与教学科研工作双促进、双提高。

（3）注重分类指导。区分学校办学类型，结合学科专业实际，把握党建带头人、学术带头人的不同特点，遵循规律、分类施策、分层培养、整体推进。

（4）强化基层导向。牢固树立“党的一切工作到支部”的鲜明导向，把思想政治工作落实到支部，把从严教育管理监督党员落实到支部，把学生工作落实到支部，切实履行好党支部组织师生、凝聚师生、服务师生的职责。

因此，加强高校“双带头人”工作室建设，是新时代高校基层党建的一项战略工程。而工作模式的构建是高校“双带头人”工作室建设非常必要和十分重要的一环①。

二、新时代高校“双带头人”培育工程的培育任务

1. 明确选任标准

选任高校教师党支部书记“双带头人”，应把握以下基本条件：一是有较好的党务工作能力，熟悉教师党支部情况，具备开展思想政治工作的能力；二是服务意愿强，热心党的工作，积极投身基层党务工作，有较强的奉献精神；三是威信高，师德师风好，在所在单位具有良好的评价，在专业领域具有较强的学术影响力，能得到师生的认可和信任。积极鼓励“双带头人”教师党支部书记兼任本单位行政职务和学术职务。

2. 规范选任方式

高校教师党支部书记“双带头人”的选任，要严格遵循党章党规，由高校党委统一领导，党委组织部门具体指导，院（系）党组织负责实施，经支部委员会或党员大会选举产生。对新成立或党员流动性较强的教师党支部，以及暂时没有符合“双带头人”条件的教师党支部，党支部书记人选可由上一级党组织从相关学科专业范围内选派。教师党支部书记任期内应保持相对稳定。

---

① 宁堂原，任佰朝，李涛，等．高校“双带头人”教师党支部书记工作室模式与机制探索［J］．高教学刊，2023，9（28）：59-62+66.

3. 聚焦重点任务

高校教师党支部书记“双带头人”在带头履行好党支部书记基本职责的同时，应把工作重点聚焦到强化教师党支部政治功能、做好教师思想政治工作、推进中心工作上来。要紧扣习近平新时代中国特色社会主义思想入脑入心这个重点，把严肃规范开展党支部政治生活摆在突出位置，把推进“两学一做”学习教育常态化制度化贯穿始终。要突出增强教师思想政治工作亲和力这个关键，着力做好新时代知识分子工作，使高校教师成为先进思想文化的传播者、党执政的坚定支持者、学生健康成长的指导者。要立足推进事业发展这个落脚点，推动党建工作与教学科研工作有机融合，把党组织的领导力和组织力转化为推进中心工作的强大动力。

4. 着力培养教育

高校教师党支部书记“双带头人”的培养教育，要突出针对性和精准性，把经常性教育和个性化培养结合起来，实现党务和业务同向发力、联动提升。对于符合学术带头人要求但党务工作能力较弱的党支部书记，要通过集中培训、专题辅导、实践锻炼、岗位挂职等方式，不断提升其政治素质、理论水平、党性修养和党务工作能力。对于符合党建带头人要求、具备学术带头人基础和潜力的党支部书记，要在课堂教学、科研立项、组建团队、海外研修等方面创造条件，帮助其拓展学术发展通道、不断提高教学科研水平。要建立健全教师党支部书记“双带头人”后备人才长效培养机制，及时把政治素质好的骨干教师培养发展为党员，把专业基础好的党员教师培养发展为教学科研骨干，为教师党支部书记“双带头人”提供后备人才支撑。

5. 加强示范引领

高校要注重梳理提炼、总结推广教师党支部书记“双带头人”培育工作好方法、好经验，积极探索形成符合高校实际、兼顾学科专业特点、可示范可推广的教师党支部书记“双带头人”工作法。各地各高校要以建设“双带头人”工作室为重要手段，积极搭建平台载体，提供政策条件，支持教师党支部书记“双带头人”开展理论和实践探索。要充分利用教育系统内外、网上网下媒体资源，宣传展示教师党支部书记“双带头人”培育工作和典型人物、典型经验，引领带动高校党建和思想政治工作质量提升。

三、新时代高校“双带头人”培育工程工作要求

为深入贯彻落实中共中央、国务院印发的《关于加强和改进新形势下高校思想政治工作的意见》，以及中组部、中共教育部党组印发的《高校党建工作重点任务》，新时代高校“双带头人”培育工程工作要求如下。

1. 加强组织领导

各地党委教育工作部门要加强对高校教师党支部书记“双带头人”培育工作的领导，按照属地党委的总体部署，统筹指导、协调推进工作，切实做到有部署、有推动、有督查、有问责。各高校要把教师党支部书记“双带头人”培育工作作为一项制度安排，纳入本单位党建工作规划和年度工作要点，并制订近三年教师党支部书记“双带头人”全覆盖的工作规划和年度计划，列入党委重要议事日程，学校常委会或党委会每学期至少听取一次培育工作的情况汇报。“双带头人”培育工作需由高校党委组织、教师工作部门牵头，人事、学科建设等部门参与，会同院（系）党组织常态化跟踪指导，及时总结经验做法，解决突出问题，推动工作有效开展。

2. 完善政策保障

各地各高校要出台政策，在干事平台、发展空间、工作条件、待遇保障等方面支持教师党支部书记“双带头人”培育工作。教师党支部书记“双带头人”应参与本单位工作规划、干部人事、年度考核、提职晋级、评奖评优等重要事项讨论决策，其党务工作计入工作量，享受相应的津贴、补贴待遇。教师党支部书记“双带头人”培训应纳入各级党务培训和人才培训安排，按有关规定做好评选表彰工作。要把教师党支部书记“双带头人”的工作经历作为高校选拔任用院（系）级党政干部的重要条件，以及专业技术职务（职称）评定的重要参考。

3. 狠抓责任落实

各地党委教育工作部门要把教师党支部书记“双带头人”培育工作纳入高校党建工作责任体系，高校党委担负主体责任，院（系）党组织担负直接责任，校、院（系）党组织书记为第一责任人。有关工作情况要纳入高校党建、思想政治工作测评考核，作为学校各级党组织书记抓党建工作年度述职评议考核的重要内容。各地党委教育工作部门要及时掌握培育工作的进展情况，定期开展专项督查，对工作开展不力、落实不到位的，要严肃问责追责。

第二节　新时代高校教师党支部书记“双带头人”培育工程建设的内涵要义

一、新时代高校“双带头人”培育工程建设的意义

高校教师党支部是教育、管理、监督和服务教师党员的基本单位，是把党的路线方针政策落实到高校基层的战斗堡垒，是党团结和联系广大教师的桥梁纽带，是办好中国特色社会主义大学的重要支撑。加强高校教师党支部建设，提升教师党支部的组织力，关键在于抓好党支部书记队伍建设。实施“双带头人”培育工程，对推动高校教师党支部书记普遍成为党建带头人和学术带头人具有重要意义。

第一，新时代高校“双带头人”培育工程建设是学习贯彻习近平新时代中国特色社会主义思想的重要安排。当前，教育系统正在深入学习贯彻习近平新时代中国特色社会主义思想，中共教育部党组做出写好教育“奋进之笔”的重大部署，全面实施“基层党建质量提升攻坚行动”，其中一项重要举措就是实施高校“双带头人”培育工程。

第二，新时代高校“双带头人”培育工程建设是深入贯彻落实党中央关于加强和改进高校思想政治工作、教师队伍建设重大决策部署的重点任务。全国高校思想政治工作会议，以及中共中央、国务院印发的《关于加强和改进新形势下高校思想政治工作的意见》《关于全面深化新时代教师队伍建设改革的意见》，对坚持和加强党对高校的全面领导、改进教师思想政治工作等做出了全面部署，明确提出要实施“双带头人”培育工程。落实好这项硬任务，建强高校教师党支部书记队伍，有利于加强教师“供给侧”思想政治工作，带动学生“需求侧”思想政治工作质量的提升。

第三，新时代高校“双带头人”培育工程建设是解决高校基层党建突出问题的重要举措。在对高校的政治巡视和日常督查中发现，一些高校基层党组织建设存在弱化、虚化、边缘化等问题。这些问题在高校教师党支部建设中主要表现为：一些党支部政治功能减弱，党的组织生活不经常、不认真、不严肃，党员管理失之于宽、失之于软，教师思想政治工作相对薄弱；少数教师党员党的意识不强、先锋模范作用发挥不突出；少数党支

部书记党务能力不足、工作积极性不高；有效调动和激励党务工作人员积极性的机制办法不够健全；等等。“支部强不强，关键在头羊”，要解决好这些问题，抓好教师党支部书记队伍建设至关重要。为此，中组部、中共教育部党组在2018年印发的《高校党建工作重点任务》中将实施“双带头人”培育工程作为重要工作安排，着力加强高校教师党支部书记队伍建设，强化教师党支部主体作用，聚焦加强政治引领、规范党的组织生活、团结凝聚师生、促进学校中心工作等方面，有效解决问题，全面提升党建工作质量。

二、新时代高校“双带头人”培育工程建设的基本原则

实施高校“双带头人”培育工程，要把握好“突出政治建设、坚持双向提升、注重分类指导、强化基层导向”的原则。突出政治建设，就是要以习近平新时代中国特色社会主义思想为指导，把坚定正确的政治方向放在教师党支部书记“双带头人”培育工作的首位。坚持双向提升，就是要把符合条件的学术带头人培养选拔为教师党支部书记，把有条件的教师党支部书记培养成学术带头人，让教师党支部书记“双带头人”成为高校基层党建和教学科研工作双融合、双促进、双提高的中坚力量。注重分类指导，就是要根据学校办学类型的不同，结合学科专业的实际，把握“双带头人”的不同特点，科学地进行分类施策、分层培养。强化基层导向，就是要牢固树立党的一切工作到支部的鲜明导向，把教师党支部建设成新时代高校基层的坚强战斗堡垒。

三、新时代高校“双带头人”培育工程建设的预期目标

高校教师党支部书记“双带头人”的培育是新时代加强党对高校全面领导、落实高校立德树人根本任务、推动高校基层党建高质量发展的重大举措。自“双带头人”培育工程实施以来，各高校按照相关文件要求，认真进行“双带头人”的选拔培育①，主要表现在以下几个方面。

---

① 刘图其，匡宇威．高校教师党支部书记“双带头人”培育的机制困境及完善进路［J］．当代教育理论与实践，2023，15（6）：87-93.

第一，建立一支政治素质强、学术水平高的高校教师党支部书记“双带头人”队伍。2017年，中共教育部党组印发的《关于加强新形势下高校教师党支部建设的意见》指出要在2020年左右基本实现高校教师党支部书记“双带头人”选拔方式的全覆盖。经过几年的努力，各高校教师党支部普遍选择信念坚定、能力出众的优秀党员教师担任党支部书记，基本完成了高校教师党支部书记“双带头人”的全覆盖。

第二，构建高校教师党支部书记“双带头人”培育的制度体系。高校教师党支部书记“双带头人”的培育离不开一套有效的制度。自“双带头人”培育工程实施以来，各大高校以构建“双带头人”培育体系为抓手，不断完善“双带头人”培训、考核、激励等各项制度，奠定了高校教师党支部书记“双带头人”培育工作的基本制度框架。各高校党委普遍将党支部书记“双带头人”的培育纳入学校党建年度工作计划，制定“双带头人”培育工作的实施意见，加强了对“双带头人”培育工作各项制度的规划和指导。

第三，落实高校教师党支部书记“双带头人”的工作保障。高校教师党支部书记“双带头人”肩负着提升党支部党建水平和学术能力的双重责任，需要在完成本职教学工作之外付出大量时间和精力，理应得到细致的照顾和关怀。自“双带头人”培育工程实施以来，各高校认真落实“双带头人”培育工程的各项要求，为“双带头人”开展工作提供资金和组织保障，提高了“双带头人”的工作积极性。

第四，通过“双带头人”培育工程的实施，在高校基本实现党支部书记“双带头人”选拔方式全覆盖，使教师党支部书记普遍成为“双带头人”。同时，推动高校教师党支部书记履职尽责、培养培育、管理监督、激励保障、示范带动等机制更加健全，党支部建设质量显著提升，党支部主体作用有效发挥，党支部书记“头雁效应”有力彰显。

近年来，江苏大学高度重视教师党支部书记“双带头人”培育工作。首先，学校制定了《江苏大学推进教师党支部书记“双带头人”培育工程实施意见》，落实主体责任，将教师党支部建设纳入二级党组织抓基层党建述职评议的考核内容。其次，学校推进“双带头人”工作室阵地建设，在经费保障、教学科研、晋职晋级、组建团队等方面提供支持，建立干部选任优先激励机制。最后，学校从党性强、专业精、善管理、口碑好的党员骨干中选拔党支部书记，选配得力班子，常态化举办党支部书记专题培训班、管理干部英语口语培训班，充分提升教师党支部书记“双带头人”的政治能力和履职能力。

学校以教育部“三全育人”综合改革试点为重点，鼓励教师党支部书记探索党建新举措，推动党建工作与“三全育人”综合改革深入融合。135名教师党支部书记每人负责落实1个“书记项目”，把“书记项目”作为育人“责任田”，压任务、挖潜力、促特长，推动形成“一支部一特色、一支部一品牌”，促进学生高质量成长成才。江苏大学将充分发挥教育部高校“双带头人”工作室的“样板田”“示范区”作用，创新工作方法，创建平台载体，创立典型示范，辐射带动全校教师党支部建设和教师思想政治工作质量整体提升。

第二章　高校教师党支部书记“双带头人”建设的概念及理论基础

第一节 高校教师党支部书记“双带头人”建设的概念

高校教师党支部书记“双带头人”建设是指在高校教师党支部中，选拔具有学术带头人和党建带头人潜质的人才，通过培养，使其成为既具备扎实的专业素养，又具备较高的党建理论水平和党建实践能力的复合型人才。

所谓“双带头人”，是指高校教师党支部书记应具备双重身份和双重引领作用。一方面，作为高校基层党组织的负责人，他们要发挥党建带头人的作用，认真履行组织、宣传、凝聚、服务师生的职责；另一方面，作为教学科研的骨干力量，他们要发挥专业带头人的作用，不断提升教育教学水平和学术研究能力。这一概念的提出，旨在加强高校党建工作，推动高校教师党支部建设，提高高校教师的思想政治素质和党建工作水平。“双带头人”建设可以使高校教师在党建工作和学科建设中更好地发挥引领示范作用，推动高校党建工作和教育事业的科学发展。

第二节 高校教师党支部书记“双带头人”建设的意义

党支部是党的基层组织，是党全部工作和战斗力的基础。加强新形势下高校教师党支部建设，对于落实全面从严治党要求，全面贯彻党的教育方针，坚持社会主义办学方向，落实立德树人根本任务，培养中国特色社会主义合格建设者和可靠接班人，具有重大而迫切的战略意义。

“双带头人”培育工程对高校教师党支部的意义：

（1）加强基层党组织建设。实施“双带头人”培育工程，有利于加强高校基层党组织建设，提高党支部的组织力和凝聚力。选拔和培养既懂党建又懂科研的“双带头人”，可以更好地发挥基层党组织的战斗堡垒作用。

（2）提升教师队伍整体素质。“双带头人”培育工程的实施，不仅可以提升教师的思想政治素质和教育教学水平，而且可以促进教师的专业成长和发展。培养一支高素质的“双带头人”队伍，可以带动整个教师队伍素质的提升。

(3) 促进高校事业发展。教师是高校事业发展的核心力量。实施“双带头人”培育工程，可以激发教师的积极性和创造性，为高校事业发展提供有力的人才支撑。同时，“双带头人”的示范引领作用可以影响和带动更多的教师投身于教育教学和学术研究工作，推动高校整体事业的发展。

(4) 增强服务社会的能力。高校教师的职责不仅是教书育人，还包括服务社会。实施“双带头人”培育工程，可以提高教师服务社会的能力和水平，推动高校更好地服务地方经济社会发展。同时，“双带头人”可以发挥自身优势，积极引导和支持学生参与社会实践和志愿服务等活动，推动高校与社会的紧密结合。

高校“双带头人”培育工程是党在高校基层党组织建设方面的一次理论和实践创新，是新时代党的建设伟大工程在高校的具体体现。它要求高校教师党支部书记既要政治强，又要学术精，体现了党的建设的一般性和高校教师党支部建设的特殊性的有机统一。因此，实施“双带头人”培育工程，有利于提高高校基层党建工作水平，把高校教师紧紧团结在党支部周围，打造教学科研有力、服务师生有为、党建工作有序的高校教师党支部①。

第三节　高校教师党支部书记“双带头人”建设的标准

高校教师肩负着为党育人、为国育才的神圣使命，是落实立德树人根本任务的主力军。他们普遍具有硕士研究生以上学历，许多还有海外留学经历。多元的价值取向和追求自由的个性，使得加强高校教师的政治引领十分必要。高校教师党支部是党在高校的基本细胞，建立在业务一线，在人才培养、教育教学、科研创新等方面发挥着重要作用，是凝聚师生的主体②。加强“双带头人”培育工程建设，能够把政治素质高、专业能力强的人才充实到党建工作中，使其发挥“头雁效应”，是落实党管人才的具体体

---

① 杨松菊，张鑫．高校教师党支部书记“双带头人”培育现状及其有效途径［J］．湖南科技学院学报，2023，44（3）：117-122.

② 王平．高校教师党支部书记“双带头人”培育路径探究［J］．辽宁师专学报（社会科学版），2023（2）：117-118，131.

现，能够解决好“培养什么人、怎样培养人、为谁培养人”这一根本问题。

高校教师党支部书记“双带头人”主要应具备以下几个方面的素养：

（1）政治素质高。高校教师党支部书记“双带头人”应具备高度的政治觉悟和思想认识，对党忠诚，信念坚定，始终保持正确的政治方向。他们应深入学习贯彻习近平新时代中国特色社会主义思想，增强“四个意识”、坚定“四个自信”、做到“两个维护”，不断提高政治判断力、政治领悟力、政治执行力。

（2）业务能力强。高校教师党支部书记“双带头人”应具备扎实的专业基础和较高的教学科研水平，能够在学科领域内取得优异成绩。他们应注重学术研究，积极开展科研工作，推动学科发展，提高学术影响力。同时，他们还应具备丰富的教育教学经验，关注学生成长，提高人才培养质量。

（3）组织协调好。高校教师党支部书记“双带头人”应具备较强的组织协调能力和管理水平，能够有效地组织开展支部各项工作。他们应善于调动党员的积极性，发挥支部的集体优势，形成强大的工作合力。同时，他们还应善于沟通协调，处理好与学校党委、其他支部、师生员工等各方面的关系，为支部的发展创造良好的外部环境。

（4）道德品质优。高校教师党支部书记“双带头人”应具备高尚的道德品质和良好的师德师风，成为师德师风的表率和楷模。他们应热爱教育事业，关心学生成长，关注社会进步，积极参与公益事业。同时，他们还应严于律己、诚实守信，具有良好的社会形象和一定的社会影响力。

（5）党建工作经验足。高校教师党支部书记“双带头人”应具备丰富的党建工作经验，熟悉党的路线方针政策，能够结合实际开展党建工作。他们应注重党员思想政治教育，加强党员队伍建设，提高党员素质。同时，他们还应积极探索党建工作新思路、新方法，推动支部党建工作创新发展。

第四节　高校教师党支部书记“双带头人”建设的原则

随着我国高等教育事业的发展，高校“双带头人”培育工程在全国范围内广泛实施，旨在加强高校基层党组织建设，提高教师党支部的组织力和战斗力，培养一支既懂党建又懂教育、既会党务又会业务的“双带头人”队伍。习近平总书记在党的十九届五中全会上强调，实现“十四五”规划和二〇三五年远景目标，必须坚持党的全面领导，充分调动一切积极因素，广泛团结一切可以团结的力量，形成推动发展的强大合力。

高校教师党支部是党的基础组织，在教育、管理、发动、监督教师党员以及组织、宣传、凝聚、服务广大师生方面担负着直接责任，发挥着重要作用。为进一步抓好高校教师党支部建设，中共教育部党组印发了一系列文件，要求高校通过选优配强教师党支部书记“双带头人”，全面激发教师党支部在开展政治引领、进行思想教育、宣传凝聚师生、促进中心工作中的主体作用。

高校教师党支部书记“双带头人”队伍建设应遵循以下几个原则①：

（1）坚持党的领导，明确责任要求。增强高校教师党支部的政治功能和组织功能，巩固党在高校的执政基础，加强党对高校的全面领导，是建好“双带头人”队伍的必要保障。因此，必须将党的领导贯穿“双带头人”队伍建设和党支部建设的全过程，主要体现在政策制定、制度保障、机制创新、工作部署和检查、考核激励和评价等方面。只有明确各级领导干部的党建工作责任，并将之纳入党建责任制检查和干部年度考核，才能保证“双带头人”队伍建设的工作成效，充分发挥高校教师党支部战斗堡垒作用。

（2）坚持双向培养，注重整体提升。“双带头人”要求教师党支部书记既要业务精，又要党务强。从现状来看，两类“跛腿”现象同时存在：一类是学术带头人担任教师党支部书记，但是党建业务不强；另一类是一些优秀的党支部书记在学术上是骨干、有潜力，但尚未成长为学术带头人。高校党组织在实际工作中往往更加关注第一种情况，对第二种情况则不够关注，着力不多。因此，高校在重视把学科带头人培养成党建带头人的同时，应注重把党建带头人培养成学科带头人，从整体上提升教师党支部书记的素质能力。总而言之，双向培养应当成为“双带头人”队伍建设坚持的重要工作原则。

（3）坚持系统思维，强化保障激励。推进“双带头人”队伍建设，需要坚持系统思维，加强顶层设计、制度配套和条件保障。为此，中共教育

① 曹鹏．高校教师党支部书记“双带头人”队伍建设探析［J］．党政论坛，2023（2）：40-42.

部党组在相关文件中对“双带头人”培育工作提出了明确的保障激励举措。从贯彻落实的情况看，高校在实现“双带头人”选拔方式全覆盖上着力较多，在保障激励举措上则有待进一步发力①。“双带头人”参与自己单位讨论决策、岗位经历作为选拔任用院（系）级党政干部的重要条件和职称评定的重要参考等深层次机制问题，还处于刚刚破题甚至尚未被列入议事日程的阶段，这在一定程度上影响了“双带头人”的工作积极性，制约了高校教师党支部政治功能和组织功能作用的发挥。因此，高校各级党组织需要运用系统思维，加强统筹协调，创新体制机制，逐步予以改善。

第五节　高校教师党支部书记“双带头人”的思想认识及责任

一、高校教师党支部书记“双带头人”的思想认识

1. 坚定理想信念，强化理论武装

高校教师党支部书记“双带头人”必须始终坚定理想信念，不断加强理论学习，提高自身的思想政治素质。要深入学习贯彻习近平新时代中国特色社会主义思想，用马克思主义中国化最新成果武装头脑，增强“四个意识”、坚定“四个自信”、做到“两个维护”。同时，高校教师党支部书记“双带头人”还要积极宣传党的路线方针政策和决策部署，引导广大党员干部自觉践行社会主义核心价值观，为实现中华民族伟大复兴的中国梦贡献力量。

2. 提高政治站位，把握正确方向

高校教师党支部书记“双带头人”必须时刻保持高度的政治敏锐性和政治鉴别力，牢牢把握正确的政治方向。要始终坚持以学生为本的发展思想，把学生放在心中最高位置，为学生谋利益、解难题、办实事。同时，高校教师党支部书记“双带头人”还要积极参与意识形态领域的斗争，坚决抵制各种错误思潮和言论，确保党组织的纯洁性和战斗力。

---

① 曹鹏．高校教师党支部书记“双带头人”队伍建设探析［J］．党政论坛，2023（2）：40-42.

3. 加强组织建设，夯实基层基础

高校教师党支部书记“双带头人”必须高度重视组织建设工作，不断夯实基层基础。要建立健全各项规章制度，规范支部工作流程和标准，加强对党员的管理和教育，提高党员的政治觉悟和组织纪律性。同时，高校教师党支部书记“双带头人”还要注重培养后备干部和优秀人才，为党的事业的发展提供源源不断的动力。

二、高校教师党支部书记“双带头人”的责任

选优配强是推进高校“双带头人”培育工程的基础。“双带头人”具有鲜明的双重身份和双重效用，既要思想政治素质过硬，又要业务精湛、教科研能力突出。高校教师党支部书记“双带头人”既要当好党建带头人，也要当好学术带头人。只有选优配强“双带头人”，才能充分发挥其应有的双重效用。“双带头人”除了需有高级专业技术职称或博士学位，还需要党务工作能力强，热心党的建设工作，有较强的服务意识和奉献精神，威信高，师德师风好。在“双带头人”选任中，应把热爱科研的优秀教师党员培养为学术专家，把真正热心于基层党建工作的优秀科研人才选配为党支部支委，使之在党支部书记的“传帮带”下不断成长①。

高校教师党支部书记“双带头人”主要应担负以下几个方面的责任：

（1）履行好职责使命。高校教师党支部书记“双带头人”必须认真履行好自己的职责使命，要紧密围绕中心任务开展工作，充分发挥党支部的战斗堡垒作用和党员的先锋模范作用。在工作中要勇于担当、敢于负责、善于协调、主动作为，同时还要注重团结同志、凝聚人心、形成合力，共同推动单位各项工作顺利开展。

（2）做好表率，树立形象。高校教师党支部书记“双带头人”的一举一动都会影响到党员干部的形象和威信，因此必须时刻保持良好的形象和精神状态，严格要求自己做到勤政廉政、廉洁自律，以实际行动树立起党员干部的良好形象。

（3）加强队伍建设。高校教师党支部书记“双带头人”还应该注重加

① 单文周．高校党支部书记“双带头人”培育需把握“三个关键点”［J］．党史博采（下），2022（10）：64-66.

强队伍建设工作，努力打造一支高素质的党员干部队伍：一方面，要加强干部队伍建设，特别是要加强年轻干部的培养教育和管理监督工作，为他们的成长成才创造条件；另一方面，要加强职工队伍建设，关心关爱职工，帮助他们解决实际困难，让他们感受到组织的温暖和关怀，从而激发他们的工作热情和创造力。

第三章　高校“双带头人”工作室建设的思路与机制

第一节 “双带头人”工作室建设的困境

高校“双带头人”培育工程的目标是通过在高校教师中培养、选任学术骨干和学科带头人担任党支部书记，从根本上破解高校长期存在的党务与业务“两张皮”难题，夯实高校基层党建工作基础，提升高校党建工作水平。教师党支部作为高校党建工作的基础和重要组成部分，是推动高校思想政治工作和教学科研工作的重要力量。目前，部分高校教师党支部书记“双带头人”尚存在对支部党建工作的重要性认识不充分、示范引领作用发挥不够等问题。主要表现在对“双带头人”培育工程的重要意义、主要建设标准、实施目标、实施内容、组织实施等方面认识不清，理论转化为实践的能力不足。

一、带头作用发挥不够，党建工作理念有待创新

教师党支部书记作为学校党支部的“领头羊”，在基层党建工作中起着不可替代的作用。但部分“双带头人”不能积极主动地开展思想政治工作，不能通过协调理顺各方关系来解决矛盾、问题，难以调动支部党员的积极性在工作岗位中发挥先锋模范作用，在保证业务工作的顺利完成方面效能发挥不够①。

1. 教师党支部书记岗位缺乏稳定性

高校教师党支部书记作为党的基层组织带头人，是将党的路线方针政策落实到基层的参与者、组织者、指导者和责任人。作为基层党组织的第一责任人，教师党支部书记应具备出色的党建能力和领导能力。但在现实中，部分教师党支部书记对党建重视不足，可能存在能力不足、工作不力等问题，导致党支部作用受限。由于多数高校教师党支部书记身兼数职，投入党建的时间有限，一旦因外出访学、进修或挂职等脱岗，支部工作就可能受阻，党建工作推进和组织活动也将受影响。

---

① 艾金龙，李杏，安显鹏，等．“双带头人”培育工程视角下高职涉农二级学院教师党支部建设的路径探析［J］．现代职业教育，2024（16）：61-64.

2. 党支部班子建设缺乏活力和创新

教师党支部书记作为高校党支部工作的核心领导力量，对于推动党支部的工作发挥着关键作用。然而，现实中部分教师党支部书记兼职多，工作创新性不足，活动单调，使党员积极性下降。此外，一些教师党支部书记在党建指导方面也有所欠缺，缺乏思想政治教育和正确思路，导致党建与业务脱节。

二、党务工作方法不多，履职尽责能力有待提升

1. 理论学习不深入，党建业务能力不高

这方面具体表现为党支部的党务工作专业性不够，教师党支部书记在业务水平、理论水平和执行力方面仍有待提升；支部工作中“三会一课”制度和组织生活会制度贯彻执行情况不到位；部分教师党支部书记讲党课不及时，有的支部甚至出现书记不会讲、党员不愿听的现象，党支部的活力难以激发、凝聚力和战斗力难以增强。

2. 调查研究不深入，与学生谈心谈话不深不足

这方面具体表现为部分教师党支部书记的党务工作方法不多，开展组织生活形式比较单一、内容不丰富、次数不足，批评和自我批评往往流于形式。

3. 实践思考不到位，主动履职能力不够

在工作中，部分教师党支部书记出现不愿干、不会干的工作状态，他们忙于教科研工作及职称评定，疏于学习与党建工作相关的理论知识，对教师党支部书记工作内容了解不清，对教师党支部书记应肩负的责任认识不够。他们用于支部工作的时间和精力得不到保障，因而影响了党建工作开展的质量，弱化了支部党员对党建工作重要性的认识。

三、后备人才储备不足，党务梯队建设有待加强

现阶段，高校教师党支部书记“双带头人”队伍选任中存在的问题主要是数量不充足和质量不均衡，其中质量问题最为突出。

1. “双带头人”工作保障机制方面的不足

一是部分青年学术骨干、学科带头人“学术强、党务弱”，对党建的重要

性认识不充分，对党务工作熟悉度不够，无法胜任党务工作。二是部分学术带头人的教科研压力大，觉得党建工作任务重、责任大、要求高，不愿干党务工作。三是部分党支部书记呈现出专业化、年轻化的特点，教科研能力不高，在教师中缺少威信，话语权不强，无法承担“双带头人”的工作。

2. 支部党员发展工作相对缓慢

高校教师党支部党员发展工作缓慢，主要原因是缺乏明确的规划，导致发展工作形式化，缺乏系统性。同时，党支部对青年教师吸引力不足，缺乏良好的发展环境和培训机会，减弱了他们的参与意愿。此外，党支部在解决青年教师面临的问题时不够积极，缺乏对青年教师的关心和支持，降低了他们对党组织的认同感和靠拢意愿。

四、“双带头人”工作室的激励机制和考评机制有待优化提高

高校教师党支部书记的选拔培育除严格选任和重点培养外，还需要突出正面考评与激励机制，充分调动教师党支部书记“挑担创业”的主动性、积极性。在实践中，一些高校的激励机制过于单一，主要依赖荣誉称号和职务晋升。这种机制忽视了教师党支部书记在基层工作中的实际贡献和领导能力的提升，无法真正激发其对党建工作的热情和创新思维。此外，现行的考评机制往往过于重视数量指标，缺乏对质量和创新的充分评估，过分追求任务的完成情况，忽略了党支部书记在组织党建活动、推动党员发展和解决实际问题等方面的实际付出，限制了党支部书记的工作空间和发展潜力。

因此，要强化支部作风建设，把党支部打造成高校作风建设的“示范基地”，把党员培养成作风建设的领路人。

五、党建创新力度不够，党建活动模式结构单一

高校“双带头人”工作室作为一种新兴的事物，需要创新建设思路。然而，目前部分高校面临着开展党建创新工作力度不够、党建模式单一的情况。党建创新的力度不够体现在对于问题的认知和解决方式上。大部分“双带头人”往往倾向于依赖固有的党建模式和方法，对于新问题和新情况缺乏及时的思考和应对，导致无法有效地满足党员和学生的多样化需求，

也限制了党建工作的开展和进步。

现行的党建模式往往比较单一，缺乏灵活性和创新性。党建活动往往局限于常规的组织会议和宣传教育活动，缺乏对实际问题的深入研究和解决方案的探索。这种单一的模式既无法激发党员的积极性和创造力，也无法满足党建工作的多样化要求。

六、“双带头人”工作室建设的其他难题

1.“双带头人”工作室成员构成复杂，管理难度大

“双带头人”工作室成员构成较为复杂，包括不同学科背景、不同年龄层次、不同职称级别的教师。这种复杂的成员构成，使得工作室的管理难度加大，难以形成统一的工作思路和行动方案。

2.“双带头人”工作室成员党性修养不足、政治意识不强

部分工作室成员的党性修养不足、政治意识不强，对党建工作的重要性和必要性认识不够深刻。这导致他们在工作中缺乏主动性和创造性，难以发挥应有的示范引领作用。

3.“双带头人”工作室建设缺乏明确的目标和规划

“双带头人”工作室建设缺乏明确的目标和规划，导致工作室成员在工作中缺乏方向感和目标感，工作效率低下。同时，由于缺乏明确的规划和目标，工作室的可持续发展能力受到限制。

4.“双带头人”工作室建设与高校教育教学工作脱节

“双带头人”工作室建设应当与高校教育教学工作紧密结合，但在实际工作中，二者往往存在脱节现象。工作室的活动和工作内容与高校教育教学工作联系不够紧密，导致工作室的影响力和作用范围有限。

第二节 “三全育人”背景下涉农“双带头人”的培育

高校思想政治工作关系到高校培养什么样的人、如何培养人，以及为谁培养人这个根本问题。要坚持把立德树人作为中心环节，使思想政治工作贯穿教育教学全过程，实现全程育人、全方位育人，努力开创我国高等

教育事业发展新局面。高校教师作为大学生成长成才的人生导师和知心朋友，对大学生世界观、人生观、价值观的树立和人生目标的规划会产生深刻影响，因此要努力将“三全育人”理念贯彻到教育教学和学生管理的全过程。

高校教师党支部书记既是高校基层党建带头人和学术带头人，也是关心爱护学生、帮助其成长成才的贴心人，在高校“三全育人”工作中承担着重要职责。其不仅要关心本支部和教研室教师的成长发展，还要关注学生的成长进步，搭建学校与教师、学生之间的桥梁，构建系统完备、运转有序、成效突出的“三全育人”工作格局①。

就涉农高校而言，“双带头人”工作室是一种有效的组织形式，旨在加强农业高校党支部书记的领导能力和工作水平，推动农业高校党建工作的深入开展。其工作机制主要包括党支部书记的选任和激励、工作计划的制订与执行、党员教师的培训和交流、党建融合的创新和多样化等方面。为加强涉农高校基层党支部建设，提升党支部组织力，必须按照“七个有力”的标准，健全基层组织，优化党支部设置，扩大党支部的组织覆盖和工作覆盖，努力使党支部成为教育党员的学校、团结师生的核心、攻坚克难的堡垒。然而，随着改革开放不断向纵深发展，中国特色社会主义进入了新时代，高等教育改革任务日益紧迫，高校教育目标和人才培养也面临着许多现实问题和时代挑战，这对我国高校思想政治工作提出了更高的标准和要求。

高校“双带头人”工作室把“三全育人”模式（即“全员育人、全程育人、全方位育人”）作为落实中共中央、国务院《关于进一步加强和改进大学生思想政治教育的意见》的大学生思想政治教育新机制，经过十多年的实践检验与创新发展，已渐渐在高校筑牢思想政治教育阵地的进程中站稳了脚跟。在新时代背景下，大学生思想政治教育的各要素发生了深刻变化，形成了复杂的现实状况，可以清楚地看到，高校“三全育人”模式的实践呈现出多样式的面貌，其内涵与外延也随之发生着历史性改变。就目前多数高校的实践情况来看，“三全育人”模式的实施尚与思想政治工作存在一定程度的割裂与断层②。

---

① 贺卫．“三全育人”背景下高校教师党支部书记“双带头人”培育路径研究［J］．科技创业月刊，2022，35（A1）：141-143.

② 林蓓，沈海军．高校“三全育人”模式的多维构建与实践创新：以汕头大学为例［J］．现代教育科学，2021（2）：63-69.

一、发挥战斗堡垒作用，勇做高等教育建设“强引擎”

习近平总书记在全国高校思想政治工作会议上指出，办好我国高等教育，必须坚持党的领导，牢牢掌握党对高校工作的领导权，使高校成为坚持党的领导的坚强阵地。① 高校党的建设重点在基层党支部，难点在教师党支部。高校要加强教师党支部建设，为党领导高校科学发展“出把力”“使股劲”，解决好“培养什么样的人”的问题。在高校努力培养打造一批政治强、业务精、作风正、甘奉献的高素质教师党支部书记队伍，发挥他们在教书育人、科学研究、社会服务等方面的先锋模范作用和战斗堡垒作用。

“双带头人”培育工程使“双带头人”的带头作用得到了有力彰显，体现了思想引领的“头雁效应”；使党支部的组织功能得到了强化，体现了基层党建的“示范效应”；使高校的协同机制得以有效运行，体现了“三全育人”的“联创效应”，为高等教育建设注入了强有力的动力源。

二、密切联系师生，推进新时代“三全育人”工作

在“三全育人”背景下，高校教师党支部书记“双带头人”的培育具有战略意义，在高校开展“三全育人”工作的过程中承担着重要职责。高校教师党支部书记“双带头人”的培育对推动建立“党建+”党支部工作模式、将党的创新理论入脑入心，以及探索创新途径以引领提升科研质量具有重要战略价值。

三、拓宽业务新路径，提升一流专业与一流人才显示度

近年来，随着中国教育事业的快速发展，教育发展不平衡、不充分的问题逐渐凸显。教育发展的不平衡主要体现在区域、城乡、校际资源分布上，教育发展不充分的问题则主要表现为高校教育理念、学科发展、人才培养、办学特色等方面发展不突出。教师党支部书记是教师党支部的第一

① 习近平在全国高校思想政治工作会议上强调 把思想政治工作贯穿教育教学全过程 开创我国高等教育事业发展新局面［N］. 人民日报，2016-12-09（1）.

责任人，是支部党员师生的“头雁”。党支部工作抓得好不好，关键看教师党支部书记作用发挥得好不好。加强教师党支部书记队伍建设，是坚持社会主义办学方向、做好高校思想政治工作的根本要求和重要保证。

高校教师党支部书记“双带头人”紧密融合高质量党建、一流专业建设和一流人才培养，以实绩和实效为导向，实现双促双进的目标。“双带头人”工作室以“一流党建引领一流专业建设和一流人才培养”为根本目标，以“党建工作和业务工作双促双进”为工作特色，通过拓宽业务发展新路径，提升一流专业和一流人才的显示度，为教育事业的进一步发展贡献力量。

四、推动建立“党建+学科建设”党支部工作模式

2021年4月，中共中央印发的《中国共产党普通高等学校基层组织工作条例》要求“坚持高校党的建设与人才培养、科学研究、社会服务、文化传承创新、国际交流合作等深度融合”。高校要充分利用特色学科优势，在此基础上探索“党建+”模式，更好地实现党建在人才培养、科学研究、社会服务、文化传承创新、国际交流合作等方面的示范引领作用。

“党建+学科建设”，能够提高学科建设实力。学科建设是本科高校建设的“龙头”，是衡量一所高校办学水平高低、办学实力强弱和办学特色是否鲜明的重要指标。“党建+学科建设”，就是要把党建工作与学科建设工作紧密结合，通过党建工作带动学科发展，通过学科的发展促进党建水平的提升。

“党建+‘三全育人’”，能够促进学生成长成才。2017年2月，中共中央、国务院印发《关于加强和改进新形势下高校思想政治工作的意见》，提出高校要坚持全员、全过程、全方位育人。助力学生成长成才，开展“党建+三全育人”，就是要发挥党支部在育人过程中的作用，以党建为引领，以支部为依托，实施党员“五联系”制度。以立德树人为根本，以强农兴农为己任，着力培养具有“知农爱农初心、强农兴农本领、助农为农行动”的一流农机人才，把“三全育人”体制机制的优势转化为育人质量和育人水平的全面提升。在实现农业工程一流学科建设方面助力，在加速农业科学进入全球前千分之一方面发力，在实施“新农科”“新工科”融合建设行动中给力。本支部积极与农机行业联系，建设研究生的农业科研院所和企业联合培养模式，打造农业工程研究生的知农爱农情怀。

第三节 “双带头人”工作室的建设机制

一、发挥党建工作激励保障作用，完善党建工作考核机制

1. 严格党支部书记“双带头人”选任标准

严格的党支部书记“双带头人”选任标准对于确保组织领导的稳定性、提高工作质量、增强党组织的凝聚力和战斗力、提升党员干部队伍素质，以及增强党的组织建设的科学性和规范性具有重要的意义。严格党支部书记“双带头人”的选任标准，首先要落实党支部书记激励机制与考核机制，其次要量化党支部书记“双带头人”的考核，实现“人人争当党支部书记”，不符合“双带头人”标准的，要有严格的退出机制。加强党支部建设，必须选好配强支部委员，提高书记和支委的履职能力。建立党建工作承诺践诺、目标考核、述职评议等机制，牢固树立支部建设的“主业”意识。

2. 推行激励与责任相结合，完善考核制度

学校的考核制度因实际情况不同，具体考核细则也不尽相同。经过“双带头人”计划的实施，党支部书记的考核标准和责任清单已日渐清晰和明确。学校的考核还没有充分地与学院的整体考核及教师党支部书记个人发展相联系，考核机制比较单一，只针对本身的岗位职责，而与其他工作的考核联系不足。因此，在未来的实际工作中，仍需深入研究和不断完善党支部书记的考核机制。

二、推动党的创新理论入脑入心，引领提升科研质量

习近平总书记曾指出，中国要强盛、要复兴，就一定要大力发展科学技术，努力成为世界主要科学中心和创新高地。在新的征程上，我们要深入学习领会习近平总书记关于科技创新的重要论述，增强在党的领导下建设世界科技强国的信心和决心；要始终心怀“国之大者”，保持“赶考”心态、“奋斗”状态、“冲刺”姿态，树立爱国创新的价值追求、求实奉献的

实践品格、协同育人的精神风貌，为实现中华民族伟大复兴做出更大贡献。

推动党的创新理论入脑入心和引领提升科研质量是科研工作者的重要使命，更是“双带头人”的重要使命。首先，高校教师党支部书记要深入学习党的创新理论，全面理解其核心价值和实践要求。其次，高校教师党支部书记要将党的创新理论贯穿于科研实践的方方面面，从项目设计到数据分析，从方法选择到研究成果的应用，始终紧密契合党的创新理论的要求。最后，高校教师党支部书记要创新组织生活形式，丰富教育内容，在切实推进落实“两学一做”学习教育以及“三会一课”常态化、制度化、规范化开展的同时，结合农业工程学院的专业特色，丰富教育内容，充分发挥党支部的专业优势，引领提升科研质量。

三、强化党支部建设，高效推进高校党支部建设

党的力量来自组织，组织的力量根在支部。党的二十大报告强调，“增强党组织政治功能和组织功能”。党支部是党在高校全部工作和战斗力的基础，是院系党建工作的根本和关键。高校党支部委员会是组织和领导党员、学生完成党的各项任务的指挥部，强化党支部委员会自身建设，是发挥党支部战斗堡垒作用的关键。

1. 建强支部战斗堡垒

党委要落实好主体责任，突出政治标准，打造信念、政治、责任、能力、作风过硬的支部领导班子，夯实基层党组织的创造力、凝聚力和战斗力。

2. 创新党建工作方法

高校要鼓励党支部根据党员思想日益活跃的实际和学校工作目标任务的变化，从提高教育教学质量、人才培养质量和服务师生质量入手，探索创新党建工作的方式方法和载体。

3. 严格党的纪律规矩

党支部要加强纪律建设，严明政治纪律和政治规矩，让党员干部把守纪律、讲规矩摆在更加重要的位置，努力把全面从严治党要求落到实处，推进党员干部作风转变。

四、党支部彰显榜样力量，实现支部跨越式发展

一名党员，就是一面旗帜；一个支部，就是一座战斗堡垒。高校党支部要学习榜样，凝聚力量，通过彰显榜样的力量，进一步激励本支部党员发扬拼搏进取、建功立业的精神面貌。近年来，江苏大学积极探索“一流党建创一流学科、育一流人才、促一流管理”的工作模式，将党建工作与中心工作、重点工作、日常工作有机融合，推动党建“双创”工作赋能提质。

江苏大学农业工程学院党委创立了“以人民为中心，以‘三农’为轴心”的党建工作法，建立服务队、先锋队、应急队，推进党建与业务深度融合，联合农机龙头企业攻关技术难点；研发“静电喷雾机”、无人农机、残膜回收机等，突破行业难题；积极打造“田野思政课”“劳动教育”等育人平台，在农机科研、育人领域创造了丰硕的成果。

江苏大学法学院教工第一党支部大力实施“法治+信仰提升”工程，拓展“法治+宣传网络”平台，创建“法治+学风育人”机制，发挥“法治+志愿服务”辐射效应，在思想引领和服务社会中充分发挥党支部组织功能，打造法治人才培养共同体，培育一流法治人才。党支部围绕线下送法进乡企、进农家以及线上“云普法”等举措，足迹遍布省内6市，给10余家企业、1000余名农民送去法律服务。

江苏大学后勤党委饮食服务中心党支部重点围绕“七个有力”建设要求，高质量保障学校近5万名师生的餐饮服务。党支部创新实施“色香味”党建工作法，拓宽互动式交流平台、体验式劳动平台、沉浸式云端平台，打造“学习型、文化型、技能型、育人型”的“妈妈味道”食堂，形成了可推广的高校后勤党建工作标杆。

近年来，江苏大学广大教师党员认真学习贯彻习近平新时代中国特色社会主义思想，爱岗敬业，甘于奉献，积极在学校事业建设和发展中建功立业，充分发挥榜样的力量，涌现出了一批优秀共产党员、优秀党务工作者和先进基层党组织，快速有效地唤醒党员的先进意识，为学校农业工程一流学科建设贡献榜样力量。

五、党支部要理论结合实践，达到“双提升”与“双促进”

理论来源于实践，又指导实践。基层支部在党建活动中只有将理论与实践相结合，才能达到既提高基层党员政治素质，又提高党员业务能力，既促进学习型党支部建设，又促进创新型党支部建设的目的。实践是检验真理的唯一标准，理论知识只有经过实践的检验，才是有价值的，否则只能是空洞的、脱离实际的。

“双带头人”工作室需要建立健全党支部书记工作例会等制度，严格推进党支部标准化和规范化建设，深入推进过硬党支部建设，按照有利于推动中心工作、业务工作的原则及时调整优化党支部设置，充分发挥高校教师党支部书记“双带头人”的示范作用，深入落实发展党员“双培养”制度，按照“七个有力”标准，积极创建全省、全国党建工作样板支部，切实把党支部建设成服务师生、凝聚人心、促进和谐、推动发展的战斗堡垒。建立健全党支部工作考核评价办法，强化党支部书记工作考核，把党建与教科研融合发展的实际效果纳入党支部书记抓党建述职评议考核范围。

“双带头人”工作室教师党员通过发挥先锋模范作用，勇挑重担、攻坚克难、全面提升，凝聚、带动教职工主动承担教学、科研、管理、服务等方面重点工作任务。鼓励学生党员遵规守纪、刻苦学习、全面发展，发挥先锋模范作用，影响、带动广大学生树立远大理想，努力成长为堪当民族复兴大任的时代新人。教育引导党支部党员、任课教师把思想价值引领贯穿教学、科研全过程，深入挖掘提炼课程中蕴含的思想政治教育元素，发挥“课程思政”育人功能。

六、党支部创新组织模式，提升支部全体凝聚力

高校教师党支部是高校党的建设的重要基石，其组织力直接关系到党的凝聚力、战斗力和号召力。提升高校教师党支部组织力是高校落实立德树人根本任务的坚强保障，是全面贯彻党的教育方针政策的关键环节，是发挥基层党组织战斗堡垒作用的现实需要。教职工党员是学校教学、科研、学科建设的骨干力量，党建工作的开展要依据其工作实际，围绕基层教师所思、所想、所盼，搭建有针对性的党建工作平台，完善党建工作机制，

创新组织模式。这有助于激活党员干事创业的内生动力，增强党支部的工作凝聚力。高校教师党支部要充分发挥高校教师党支部书记“双带头人”的带头作用，切实激活高校教师党支部的组织功能，强化自身建设，凝聚组织成员，挖掘支部特色①。

1. 充分发挥高校教师党支部书记“双带头人”作用

要提升高校教师党支部的组织力，可以从充分发挥高校教师党支部书记“双带头人”的作用入手，加强高校教师党支部书记队伍建设，促进党建工作与业务工作的有机融合、协调推进，增强党支部的影响力和感召力。

2. 强化自身建设，发挥高校教师党支部组织功能

高校基层党组织的组织功能是通过教育、管理、监督党员，发挥党员先锋模范作用，组织、宣传、凝聚、服务师生完成党的工作目标。组织功能的有效发挥与提升组织力是互相促进的关系。

3. 凝聚组织成员，丰富高校教师党支部组织生活

组织生活是高校教师党支部建设的重要形式，是提升教师党员思想觉悟以及教师党支部向心力、凝聚力和战斗力的重要途径，是落实全面从严治党和保持党的先进性、纯洁性的必然要求。因此，高校教师党支部要注重组织生活的开展，进而不断提升组织力。

4. 挖掘支部特色，培植高校教师党支部组织文化

高校教师党支部组织文化是校园文化的重要组成部分，能够反映该组织的价值体系及教师党员对支部的价值认同，对加强组织建设、维持组织关系具有重要意义。高校教师党支部组织文化能够团结、凝聚教师党员，辐射师生群体，使师生团结在党组织周围，为实现党的目标任务而共同奋斗。

---

① 李凡，朱喆．提升高校教师党支部组织力的实践进路［J］．学校党建与思想教育，2024（8）：24-26.

第四节 “双带头人”工作室的建设举措

一、打造党支部品牌项目，开展支部特色化活动

党的基层组织是党的肌体的“末梢神经”，是贯彻落实党中央决策部署的“最后一公里”，要坚持大抓基层的鲜明导向，把基层党组织建设成为有效实现党的领导的坚强战斗堡垒。各“双带头人”工作室要积极探索党支部工作新模式，开展“支部在行动+”等特色党建品牌创建活动，构建“一支部一品牌、一品牌一特色”的党建工作新格局，推动党建品牌“叫得响”“干得实”“能示范”，在学习贯彻习近平新时代中国特色社会主义思想主题教育中不断取得新成效。

本“双带头人”工作室通过开展特色活动，树立品牌项目，采取有效解放思想、勇于创新的举措，有助于营造良好的党建文化。本“双带头人”工作室自2015年组建以来，始终贯彻“以立德树人为根本，以强农兴农为己任，创建农机特色一流大学”的办学思想，每个党员初心如磐、使命在肩，守“农”根、固“农”本，努力为推进农业机械化、智能化积蓄力量。以开展“田野上的思政课”为党建品牌，深入开展高校党建特色活动，引领广大师生树立崇高的价值目标和正确的思想航向，促进校风和学风的建设。

本“双带头人”工作室在深入贯彻落实习近平总书记“给农业插上科技的翅膀”重要论述精神过程中，努力践行习近平总书记“大力推进农业机械化、智能化”重要论述，为解决农机“卡脖子”技术问题，经常奔波于实验室和田地间。近年来，围绕突破“全国脱贫攻坚楷模”赵亚夫研究员种植基地的再生越光稻机械收获难题，开展了一系列的“思政科研”活动。经过长期的积淀和努力，党支部逐渐形成“田野上的思政课”党建工作品牌。

为让涉农专业学生上好一节开在田间地头的思政课程，本“双带头人”工作室于2022年5月25日带领农机学生来到镇江市世业洲进行田间收获现场教学，上好“知农爱农为农”情怀的育人大思政课。

在具体的品牌项目创建中，要遵循“计划—实践—总结—实践—提高”的工作规律，注重创建工作的研讨和经验交流，相互学习借鉴，注重特色经验的总结，形成长效工作机制，提高党建工作科学化水平。高校基层党支部树立品牌项目，可以依据专业背景和学科特点开展系列讲座和实践调研等，通过打造特色专业品牌活动，提升党员综合素质和凝聚力。

本“双带头人”工作室在具体活动开展中也很注意新媒体的应用，利用现代化网络技术搭建党建工作学习平台，拓展党组织生活时间和空间，将党组织生活更好地融入日常工作中。基层党建工作组织模式创新，要符合历史发展和时代要求，不拘泥于形式，开拓进取，从而更好地开展党建工作，激发党支部的凝聚力。本支部获评2023年江苏大学先进基层党组织、2024年江苏省镇江市五星党支部。

二、党支部设置相似学科组合模式，优化党员结构

党的二十大对教育、科技、人才做出了一系列部署，对新时代新征程推进中国特色世界一流大学建设提出了新任务和新要求。本“双带头人”工作室充分发挥党组织政治功能和组织功能，以高质量党建为一流大学建设提供坚强组织保证。

党支部是党组织开展工作的基本单元，是党的全部工作和战斗力的基础。在学校创建农业工程一流学科的道路上，本“双带头人”工作室紧紧抓住党支部这个基本单元，通过“+支部”模式锻造战斗堡垒，以“+支部”建强“火车头”，组织化推动党建工作和中心工作深度融合。本“双带头人”工作室传承“支部建在连上”的光荣传统，将临时党支部建在项目上、把战斗堡垒筑在实验田，围绕基层组织中的关键人物、关键事项，因地制宜设置党支部。

在支部设置方面，应尽可能将学科方向、专业方向相同或相近的党员教师划分到一个支部。这样，大家志同道合，在工作开展中会有共同的话题，能够进行深层次讨论交流，从而形成更强的创造力、凝聚力与战斗力。本“双带头人”工作室探索实施“大师+支部”“典型+支部”“团队+支部”“项目+支部”等“+支部”模式，把党支部建在科技前沿攻关一线、国家急需服务一线、青年人才成长一线，打造了一大批坚强有力的战斗堡垒，形成了规模化的战斗集群，确保党的事业发展到哪里，党支部建设就

覆盖到哪里，党员先锋模范作用就发挥到哪里。

瞄准打造国之重器，把党支部建在国家重大急需服务一线。围绕国家重大战略急需攻关建支部，在基层一线凝聚起“国家需要什么，我们就干什么”的科研力量。瞄准培养杰出人才，把党支部建在青年人才成长一线。充分发挥党支部在人才队伍建设“选苗子、拔尖子、压担子、搭梯子”中的引领保障作用，在课题组、工作室建支部，以大师领衔引导推动青年后备人才主动入列、传承有序、挑起重担、加速成长。

三、实施“双带头人”机制，配优配强支委班子

本“双带头人”工作室围绕一流大学建设需要，系统探究党支部引领推动中心工作高质量发展的“支部+”工作机制，围绕如何把牢前进方向、如何打造动力引擎、如何保障持久动力三个维度，全面建强党支部这个“火车头”。

支委班子作为“双带头人”工作室的核心成员，是党支部书记的“左膀右臂”，能够为党支部书记的工作提供支持，协助“双带头人”做好各项党建与业务工作。同时，支委成员作为“双带头人”党支部书记的主要后备人选，主要通过工作开展来提升组织管理与党建工作能力。

对于以教学为主的应用型本科高校来说，党支部支委成员宜从教研室与实验室主任、副主任，以及中青年骨干教师中选拔，以便党建工作更好地与业务工作相融合。本“双带头人”工作室建立了“党支书—党支委—党员—师生”四级“传帮带”服务工作机制。党支部书记负责培育带动支委，支委负责带动培养党员，党员负责联系服务师生等。结合党建与学院主要业务工作，党支部制定支委工作职责，形成各成员间既有分工又有协作的工作局面。

四、优化党支部工作任务，建立目标管理机制

党支部工作的目标管理就是把党支部的工作任务转化为目标并进行分解，用目标来指导和考核党支部的工作，这对于提高党支部成员工作水平和效率、调动党支部成员工作积极性、加强党支部建设具有重要意义。

党支部工作的各项目标须结合党支部的基本任务和本支部的实际情况

而定。制定目标时，要遵循全局性、重点性、可行性、可检性、激励性、统筹性等方面的原则要求。一是按目标时限，将长期目标分解为中期、近期以至年、季、月等短期目标，确定实施目标的具体时间。二是按组织系统，把目标自上而下分解到党小组、党员。三是按照岗位责任制和党员责任目标，将目标分解到个人。党支部要紧紧围绕党的思想建设、组织建设、作风建设和制度建设，把党支部的基本任务分为支部作用、班子建设、理论学习、思想工作、教育管理、党员作用、组织发展、组织生活、群团工作、党风党纪、制度建设、业务工作等方面，划分小的项目，提出具体的质的标准和量的要求，保证党支部工作目标的顺利完成。

目标确定后，党支部要搞好调查研究，收集各种数据材料，提出执行方案，健全与其相关的各项制度。党支部要认真做好各项工作的记录和各种数据的统计工作，做好自我评价，要在肯定成绩的基础上，找出存在的问题，提出改进措施。对在党支部目标管理工作中做出突出贡献者要给予表扬，对完不成目标的有关责任者要批评教育，经教育不改者给予必要的组织处理。同时，要把党支部工作目标管理同党员目标管理、民主评议党员、推荐“先优”、干部考核等各项工作结合起来。

五、改进工作模式，探索“党建+”模式

高校基层党建工作从根本上讲是做人的工作，为教学、科研、人才培养、社会服务等工作的开展凝聚力量、消除障碍、保驾护航，激发教师的积极性和创造力，保证高校各项事业持续稳定健康发展。因此，高校要探索“党建+”实践体系，党建与思政教育、学科建设、学生管理、文化建设深度融合，使党建工作与育人工作同频共振、专业发展与产教融合两翼协同、专业技能与职业素养双轨并行、文化传承与社会服务齐头并进，在党建工作的创新中全方位带动高校教育高质量发展。

作为一种系统思维模式，“党建+”摒弃了传统的党务思维模式，将党建、教学、科研、人才培养等高校中心工作统筹考虑，以党建为引领，把党的新理念新思想新战略转化为推动高校发展的强大动力，以党建工作促进业务工作的开展，以业务工作带动党建工作的提升，实现“双提升、双促进”。具体实施过程中可以采用“党建+教、科、培、服”模式，通过组建“党建+思政教育”“党建+学科建设”“党建+学生管理”“党建+文化建

设”党小组等形式来落实高校课程思政、学科建设等中心工作。

第一，“党建+思政教育”，在思政育人中创新党建实践。思政教育是高校落实立德树人根本任务的重要途径，能够推动党建工作创新。高校应落实“党建+思政教育”实践模式，助力党建育人的全方位开展。

第二，“党建+学科建设”，在学科建设中丰富党建工作。学科建设是提升高校核心竞争力的关键，是高校教育实现高质量发展的重要途径。党建工作则是学科建设的重要保障，是学科高质量发展的坚实引领。高校应构建“党建+学科建设”体系，强化学科建设政治导向，以党建工作的创新促进学科建设高水平发展。

第三，“党建+学生管理”，在师生互动中深化党建引领。实现党建工作与学生管理的融合，是高校构建“党建+”新体系、创新党建工作模式的重要着力点。高校应在思想引领、精细化管理、学生党员带头等实践中，保障“党建+学生管理”的顺利落实。

第四，“党建+文化建设”，在文化熏陶中增强党建实效。传承创新传统文化，也是高校的重要职责之一，推动党建工作创新离不开文化环境的熏陶。高校应构建“党建+文化建设”实践体系，以党的创新理论指导高校文化建设，以社会主义核心价值观为引领，建设校园文化，巩固意识形态阵地，在文化熏陶中增强党建工作实效。

六、优化工作方法，实施项目化运作方式

好的方法能起到事半功倍的效果。对于教师来说，除了完成基本的教学工作，每年的大部分时间是在申报项目、实施项目、总结项目中度过的，项目是教师开展工作最好的推动力。

本“双带头人”工作室采用项目化运作方式，以项目为抓手，通过组建“党员教师突击队”，共同申报党建研究项目、教改课改项目、科学研究项目、企业横向项目、人才培养项目等，提高教师的工作积极性，发挥党支部的战斗堡垒作用和党员的先锋模范作用。研究开发项目，可以提高党员教师的凝聚力、工作能力和获得感，一举三得。党员教师申报项目时也可以邀请非党员教师与学生参与，这样可以形成更大的凝聚力，将支部联系和服务师生真正落到实处。

七、加强党支部工作保障，制定考核激励政策

考核是引导员工担当作为的指挥棒，激励是激发员工工作热情的源泉。好的考核激励政策能够保障党支部工作的正常开展和工作目标的顺利完成。为了改变党支部以往党员教育管理“宽、松、软”的不利局面，党支部通过一系列制度政策来保障对党员的严格管理，如制定“党员积分考核管理办法”，明确每位党员需要达到的年度政治学习、组织生活参与、工作业绩等积分；制定党支部书记“双述双评”制度，完善党支部书记的工作业绩考核机制；制定“党员评奖评优制度”，明确党员优秀、合格、基本合格与不合格的标准；制定“党员激励政策”，将精神奖励与物质奖励相结合，激发党员的责任使命、荣誉意识。江苏大学各学院二级党组织每年从年度绩效考核奖中划拨部分经费，对年度考核优秀党员与“岗位先锋党员”进行物质奖励。

1. 配优配强“双带头”党支部书记

利用换届的契机，优化党支部设置。本着年轻化、精英化、团队化原则，江苏大学选聘各二级单位的党建与业务骨干担任党支部书记或委员，教师党支部书记“双带头人”比例达100%。本支部建立了一支业务精、懂党建、富有战斗力的“青年书记队”，打造了独具一格的“耒耜逐梦”团队文化。

2. 建章立制保驾护航

学校建立了集考核、指导、联系、参与于一体的党支部书记工作制度。实施党建与业务齐抓共考的“三双一考”工作体系，落实党员领导干部支部联系点制度，设立学院党委书记、院长接待日，实行教师党支部书记列席党政联席会制度。

3. 加强培养打造特色

探索与实践“党建+”工作模式，实现党建与业务“双融双促”，推进党支部优质化建设。学校主打落实“双带头人”作用的“书记行动”，实行年度作用发挥清单制；加强“双带头人”政治理论学习，实行支部联合党课制度，打造高质量“书记课堂”；推进“一支部一特色、一支部一亮点”的党支部“书记项目”。

当前，“双带头人”培育工作在一定程度上面临着教学科研与党建工作

“两张皮”、思想认识与业务能力有待提高、支部设置与现实需要适应度不高等突出问题，必须在培养方法和思想认识方面进行充分改进与优化，实现培养理念上的融合，推动培养方法上的自我革新。学校也要在实际工作中对高校“双带头人”党支部书记的工作进行评价，做到定性评价与定量评价相结合，有效激发高校基层党组织和党员干部在提高高校基层党建质量中的内生动力。

第五节　高校“双带头人”工作室重要举措落实情况

一、高校“双带头人”工作室体制机制落实情况

“双带头人”工作室的建立，有力地促进了高校党建和思想政治工作质量的提升，推动了高校教师党支部书记队伍建设，增强了高校党建和业务的双融合、双促进。自2018年首批100家高校“双带头人”工作室设立以来，高校“双带头人”工作室引起了广泛关注。经过建设和完善，形成了一些好的工作机制和模式，充分凸显了其在高校基层党建工作中的示范作用。鲍万松等结合党中央和教育部对高校基层党建的新要求，提出“一室多窗”的高校“双带头人”教师党支部书记工作室模式，意在强化工作室的思想引领、党建研究和服务中心工作等职能。

二、高校“双带头人”工作室建设成效

首批全国高校“双带头人”工作室包括北京大学口腔医院修复科党支部书记工作室、清华大学机械工程系摩擦学所党支部书记工作室、中国人民大学中共党史党支部书记工作室、中央财经大学经济学院经济史学系教工党支部书记工作室等，共100家。从首批100家“双带头人”工作室分布来看，数量排名前五的省（自治区、直辖市）分别是北京（18家）、上海(9家)、湖北（9家）、江苏（8家）、陕西（6家），共计50家，占“双带头人”工作室总数的一半。经过3年的建设，100家“双带头人”工作室

建设成效明显，为全国高校基层党建发展注入了新的活力，在相当程度上破解了高校基层党建中的难题，成为其他教师党支部的榜样①。

“双带头人”工作室使教师党支部书记培育机制进一步完善，教师党支部书记真正成为“学术带头人”和“党建带头人”。高校“双带头人”教师党支部书记在带头履行好党支部书记基本职责的同时，能够把工作重点聚焦到强化教师党支部政治功能、做好教师思想政治工作、推进中心工作上来。教师党支部紧扣习近平新时代中国特色社会主义思想入脑入心这个重点，把严肃规范开展党支部政治生活摆在突出位置，支部建设进一步规范。同时，各“双带头人”工作室坚持围绕立德树人这个核心，推动党建工作与教学科研、人才培养相互结合、有机融合，把党组织的领导力和组织力转化为推进中心工作的强大动力。

部分“双带头人”工作室结合所在高校实际和学科特点，形成了可示范、可推广的工作机制体制。北京工业大学材料学院薄膜“双带头人”工作室开展有针对性的试点研究工作，探索问题的解决办法。在推进过程中，基于“围绕发展抓党建，抓好党建促发展”的工作理念，党支部逐渐形成了有效的工作模式。云南财经大学“双带头人”工作室开展了基层党建工作师生“手拉手”结对共建活动。广东外语外贸大学首创云山“同行工作室”强化“双带头人”队伍建设。山东农业大学农学院“双带头人”工作室以党建推进学科建设，把加强党建、学术和教学三融合作为工作室的特色工作。新疆大学电气工程学院党支部“双带头人”工作室形成了“10字”工作法。哈尔滨工业大学深入实施“党建强基”工程，面向国家重大战略需求，充分发挥党员专家的“领头羊”作用。

“双带头人”工作室理论水平显著提升，示范效应彰显，成为高校基层党组织的样板。高校“双带头人”工作室在建设过程中要坚持以习近平新时代中国特色社会主义思想为指导，深入学习领会习近平总书记重要讲话精神和关于加强高校党建工作的重要论述，贯彻落实《中国共产党普通高等学校基层组织工作条例》和《中国共产党党员教育管理工作条例》，严格按照新时代党的建设总要求和新时代党的组织路线，不断增强教师党支部政治功能，充分发挥战斗堡垒作用，在现有工作的基础上发扬优良传统，

---

① 祝伟，兰日旭．“双带头人”工作室在高校基层党建中的建设经验及对策研究［J］．行政科学论坛，2023，10（7）：48-55.

以党的政治建设为统领，以“四史学习”为抓手，加强政治建设、思想建设、组织建设、作风建设、纪律建设，创新党建方式方法，完善体制机制。教师党支部书记要勇于自我革命，努力争创先进，有效提升党支部的组织力，形成独具特色的优秀工作法，成为高校基层党建的样板和榜样。

三、高校“双带头人”工作室的创新工作

首批建设的100家高校“双带头人”工作室成效显著。工作室成立以来，在党支部书记的带领下，实现了党建与主业的“双融双促”，形成了独特的模式，促进了基层党组织的发展，提升了基层党建实效，发挥了示范引领作用，具有很强的可推广性。教师党支部书记充分发挥“头雁效应”，创新基层党支部建设，让高水平党建为学校教育事业高质量发展保驾护航。

中央财经大学经济学院经济史学系“双带头人”工作室以党建引领为工作抓手，以支部党员为核心组建经济史教学团队，以集体授课的形式在学校首推课程思政，把思政内涵融入日常教学中，有力地提升了课堂教学成效。以此为载体的中外经济关系史课程获评北京高校重点优质本科课程。同时，教师党支部通过党支部书记这个学科带头人，以工作室为平台，联合不同学科教师共同举办经典读书会。读书会以学生问题为导向，读讲评结合，对不同层次学生的学术能力提升起到了促进作用，深受学生喜欢。

为深刻把握新时代基层党建工作的新形势、新要求，积极探索基层党建工作的新思路、新举措，打造具有鲜明特色的党建品牌，高校“双带头人”工作室要扎实开展基层党组织结对共建工作，充分发挥不同行业基层党组织的优势和特色。本“双带头人”工作室针对目前党建与业务融合难的问题，开展了“双周三”的“1+1+1”学习模式，即第一阶段开展政治学习及时政学习，第二阶段开展新进教师的学术沙龙，第三阶段邀请老教授针对本支部科研教学等进行经验交流。本方案有效实现了政治学习与业务学习的共同开展，党员和群众业务同学、支部同建、信息同享。本“双带头人”工作室积极打造“田野上的思政课”党建品牌和“良润精神、耒耜传承”支部文化，致力于攻克农机“卡脖子”技术和“新农人”培养，创造了多项国家第一，工作室成员曾获中国专利奖金奖、杰出工程师青年奖以及江苏青年五四奖章集体、江苏省高校优秀共产党员等荣誉称号。

本“双带头人”工作室将对标高校“双带头人”工作室建设标准，积

极响应党中央关于农业强国、教育强国的号召，以立德树人为根本，以强农兴农为己任，坚持“育新农人，收全国粮，端中国碗”的支部工作理念，在全面助力农业强国与乡村振兴建设中显担当、创实绩，奋力答好“教育强国，高校教师党支部何为”的时代答卷。

第四章　“双带头人”工作室对留学归国人员的统战作用与实践

第一节 “双一流”创建背景下高校留学归国人员政治现状

现阶段，我国高校面临着“双一流”建设的重大任务，“抢挖人才”现象十分常见。留学归国人员作为一批具有高学术素养、高创新能力和独特国际背景的群体，已然成为我国高校教职工群体中需要政治引领的重要对象。高校留学归国人员群体的特点主要是具有较高的专业素养和发展潜力，具有爱国情怀和参政意愿，以及具有国际视野和多元化价值取向。目前高校留学归国人员统战工作取得了一定成效，高校留学归国人员主流意识形态认同不断增强，发挥作用环境不断改善，高校留学归国人员代表人物制度不断完善，工作载体不断丰富。

一、加强高校留学归国人员思想引领的重要性

我国教育的根本问题是“培养什么人、怎样培养人、为谁培养人”。作为教学和科研的生力军，高校留学归国人员直接承担着培养全面发展的社会主义建设者和接班人的重要责任。2022 年 5 月 18 日，习近平总书记在给南京大学留学归国青年学者的回信中写道：“希望同志们大力弘扬留学报国的光荣传统，以报效国家、服务人民为自觉追求，在坚持立德树人、推动科技自立自强上再创佳绩，在坚定文化自信、讲好中国故事上争做表率，为全面建设社会主义现代化国家、实现中华民族伟大复兴的中国梦积极贡献智慧和力量!”

高校留学归国人员的政治认同和思想素养直接关系到高校立德树人根本任务的落实，因此，提高留学归国人员的德育意识、政治思想，让其成为高校先进思想文化的传播者，是高校立德树人的首要任务，也是实现教育保质保量发展的重要目标。

二、高校留学归国人员对政治引领的现实需求

与本土成长起来的教师不同，在日常科研生活、服务管理、政治学习中，高校留学归国教师需要因势利导，需要组织协调、规章制度等方面相

应制度、人员的跟进。在对办事程序复杂、报送手续烦琐、行政事务较多等突出的高校行政化现象进行改革时，高校应当秉持“以人为本”的原则，优化、简化各项手续的，提高办事效率，避免留学归国教师将对日常工作的不满上升至意识形态问题。

相关调查显示，留学人员归国后定居地仍以直辖市、副省级城市为主。近年来，杭州、成都、武汉、郑州、西安等多个城市纷纷推出“先落户后就业”“落户零门槛，还有租房补贴”“创业补贴”等政策。超半数留学生有归国后再“出海”的意愿，主要与国际人才环流、个人发展机遇、不适应工作环境、体制机制障碍、子女教育等因素密切相关，这些因素同样适用于高校。高校应当依据双方签订的协议，及时兑现承诺，让留学归国人员能够真正沉下心来长期留驻，贡献个人力量，实现个人价值。

第二节 “双一流”创建中高校留学归国人员角色定位

一、科研与学术创新的领导者

留学归国人员在海外学习和工作期间积累了丰富的学术和科研经验，掌握了先进的学术理念、研究方法和科学技术。他们将这些经验和技能带回国内，可以为国内的科研和学术创新提供宝贵的资源和指导，加速科技进步和创新能力的提升。与此同时，培养和引进留学归国科研人才，有助于培养一支具有创新精神和实践能力的科研团队，推动科技创新成果的转化和应用，这对高校进行“双一流”创建工作具有重要意义。

二、国际合作与交流的推动者

留学归国人员具有国际视野和跨文化交流的优势，他们对国际前沿学术动态和科技发展趋势有更敏锐的感知力，可以帮助中国高校和国际科研机构接轨，促进国内学术研究水平的提升。同时，留学归国人员在海外期间与国际学者、专家建立了广泛的学术网络和合作关系。他们与国际同行保持着密切的联系，可以传递和分享最新的学术动态、科研成果和创新理念，促进国际的学术交流和合作。留学归国人员因其独特的国际背景，在促进学术交流、跨国科研合作和资源整合等方面发挥着重要作用，能够为高校“双一流”创建做出积极贡献。

三、高校管理制度改革的参与者

在推进“双一流”创建中，完善高校管理制度是一项重要的改革任务。高校留学归国人员通常能够为高校在改革、管理和行政事务上提供新的思路和方法，他们可以结合国外的先进管理经验，针对高校的具体情况提出改进意见，推动高校管理的现代化和行政效能的提升。此外，高校留学归国人员具有浓厚的爱国报国情怀和家乡情结，是胸怀祖国、圆梦家乡、实现中国梦的生动实践者①。这份爱国热情让他们乐于参与高校的管理制度改革，并为高校“双一流”建设贡献力量。

第三节　制约高校留学归国人员作用发挥的主要因素

一、人才管理机制有待完善

近年来，留学生归国热潮出现，各大高校留学归国人员数量逐步增加。作为高校科研和教学团队中较为特殊的存在，留学归国人员的思想意识更为开放，整体呈现出思想动态多元化的态势。能否做好留学归国人员的后续管理和服务工作，直接关系到留学归国人员的作用能否充分发挥。现阶段，有些高校对于管理服务工作的重要性认识不够全面，并将留学归国人员管理工作的重心放在人员引进方面，后续的跟踪管理缺位，造成人才资源的浪费和再次流失。

---

① 魏彬．高校归国留学人员政治引领和政治吸纳工作研究［J］．广东省社会主义学院学报，2022（3）：74-79.

二、人才发展环境有待优化

留学归国人员的配套服务环境有待完善。高校现有的人才评价机制存在重职称、重奖项的取向，不关注人才的成长路径，使得留学归国人员的评价结果参考价值受限。而根据人才评价现实情况落实的奖惩工作流于形式，导致学校给留学归国人员提供的支持过少。

一方面，部分留学归国人员在工作和生活上遇到的与切身利益相关的问题（如子女教育、职称评定、购房补贴等）得不到解决。这阻碍了人才的发展，容易出现人才再流失的情况。另一方面，高校的学术环境尚待改善。相关报道显示，受西方文化深刻影响的留学归国人员很难适应国内的学术氛围，他们对高校建立的管理规定、办事程序、行政制度等认可度不高。他们参与的研究项目往往需要较为复杂的手续和流程，导致他们很难全身心地投入学术研究中，容易出现心理上的落差，难以在岗位中获得价值感和荣誉感。长此以往，容易增加他们的工作惰性，难以凸显人才的引领作用。

第四节 “双一流”创建中高校留学归国人员的培育

一、健全高校留学归国人员协调服务工作制度体系

针对目前国内高校“双一流”创建面临的难点，结合留学归国人员群体特点和人才培养战略，高校应把握留学归国人员统战工作核心，做到“协调”和“服务”有机结合，进一步完善新时代高校留学归国人员协调服务工作的意见反馈渠道和人才选拔制度，这对于构建高校留学归国人员统战工作制度体系具有重要意义。

1. 坚持以人为本，构建建言献策渠道

首先，构建高校留学归国人员建言献策渠道。高校可以通过开展走访、座谈、问卷调查、专题采访、组织活动等全面深入地了解高校留学归国人

员的想法和建议。在基本掌握了留学归国人员的思想动态后，统战部门可以通过召开研讨会议和其他交流活动将留学归国人员的合理化建议有效整合起来，作为高校改进统战工作的主要依据。其次，完善高校留学归国人员参政议政制度。一方面，高校可以开展行政能力和法律基础等相关培训，提高高校留学归国人员政治素养；另一方面，高校可以组织部分参政意愿强烈的高校留学归国人员进行实践并允许其担任一定的社会职务，让他们在锻炼的过程中获得提升。

2. 强调团结联合，健全联谊交友制度

统一战线的立身之本是实现团结联合，凝聚起共同为社会主义伟大事业建设而奋斗的各方力量。统战工作的重要内容就是“交朋友”，交朋友的范围要广、情谊要深，交友联谊一直以来都是做好统一战线工作的重要途径①。高校要加强与留学归国人员的交流联系，及时了解他们的合理诉求并妥善解决；要搭建广大教职工与高校留学归国人员联谊交友平台，加强与高校留学归国人员群体的联系；与高校留学归国人员互动时要以诚相待，不仅要以真心帮助他们为出发点，还要坦诚地指出他们的缺点和不足并积极协助他们改正，对于他们提出的合理的批评意见也应当虚心接受并主动采纳；要结合高校留学归国人员研究领域、兴趣爱好和家乡祖籍等建立形式多样的交友联谊平台，从而进一步加强高校留学归国人员的归属感和向心力。

3. 提倡举贤任能，完善选拔任用制度

完善高校留学归国人员选拔任用制度，首先要建立健全高校留学归国人员评估及人才选拔机制，因为对于高校而言，留学归国人员数量庞大，人才质量参差不齐，思想观念有所差异；其次要制定更加多元化的标准用于评价、筛选人才，保证高校留学归国人员的质量和整体水平；最后要完善推荐任用制度，让更多的高校留学归国人员能够参与调研活动，提高他们服务社会的能力，对于那些在职期间表现优秀的留学归国人员，要推荐他们到要求更高的岗位去锻炼，为他们提高个人能力和实现个人价值提供更多机会。

---

① 杨公银．画好最大“同心圆”：毛泽东广交朋友对新时代统战干部联谊交友工作的启示［J］．广西社会主义学院学报，2019，30（6）：37-41.

二、创新高校留学归国人员统战工作方式及思路

针对高校“双一流”创建中遇到的新问题，增强高校统战工作方式的创新性是必由之路。高校可以树立留学归国人员统战工作数据化思维，通过构建网络统战大格局和建立动态高校留学归国人员资料信息库等创新工作方式，使得高校“双一流”创建和统战工作有机结合起来。

1. 树立数据化思维

信息化是“双一流”创建的重要支撑，随着高校留学归国人员数量的增加，统战工作也面临着严峻的考验。传统的工作方式成本高、效率低，将数据化思维融入留学人员统战工作能够提供新的方法和思路。一方面，高校要掌握大量数据，打造留学归国人员数据基础。另一方面，高校要建立精确的数据模型，制定可量化指标并实现智能化、精确化的统计分析，通过网络信息技术，对高校留学归国人员大数据展开分析，根据不同指标对高校留学归国人员群体进行合理划分，进一步提高高校留学归国人员统战工作的实效性。

2. 构建网络统战大格局

在互联网和新媒体技术日新月异、广泛应用的今天，统战工作也实现了由线下到线上的转型。新媒体的应用很大限度上提升了高校统战工作的效率和水平，也为高校留学归国人员统战工作提供了技术支撑。高校统战部门可以利用新媒体技术建立一个参政议政平台，使得广大教职工和留学归国人员内部能够实现无障碍交流。此外，高校统战部门可以通过网络开展调研工作，广泛收集来自不同群体、不同岗位职工的意见和建议。对于统战工作实施过程中存在的问题，网络新媒体还可以起到监督管理的作用，做到早发现、早处理，充分发挥高校统一战线特有的优势，构建网络统战大格局。

3. 发挥模范留学归国人员带头作用

高校统战部门应表彰在参政议政工作中有突出表现的留学归国人员，宣传其爱党爱国、争做典型的优秀案例。发挥这些模范留学归国人员的带头作用，为全校教职工树立榜样，引领广大教职工走上栋梁之路。高校统战部门可以拟定模范代表选拔机制，促进高校留学归国人员内部良性竞争。此外，对于在高校“双一流”创建中有突出贡献的留学归国人员代表，要

本着公平公正的原则进行表彰和奖励，对于不利于统战工作开展的行为则要进行通报和批评，这也是创新高校留学归国人员统战工作方式的重要一环。

三、创新高校留学归国人员思想政治引领方法

针对高校“双一流”创建的要求，进一步做好留学归国人员思想政治引领工作是重点。高校可以通过定期安排留学归国人员参与政治培训，在实现政治引领方法创新和建立长期政治引领机制等方面提出建议。

1. 组织留学归国人员政治培训活动

高校留学归国人员往往具有真挚的爱国情怀、多元的价值观念和强烈的参政议政意识①。因此，高校在实现“双一流”创建时要充分尊重留学归国人员的思想特点，引导他们坚定政治立场和思想理念。组织留学归国人员参与政治培训，引导其积极学习国家领导人最新讲话精神和理论成果，以习近平新时代中国特色社会主义思想武装头脑，践行社会主义核心价值观，坚定“四个自信”，为高校“双一流”创建提供强大助力。

2. 创新留学归国人员思想政治引领方法

传统思想政治引领工作较为死板，缺乏灵活性，这种工作方式往往无法适应高校留学归国人员思想多元化的特点，效率低下且远远落后于高校“双一流”创建的要求。因此，高校统战工作必须紧跟时代发展趋势，将留学归国人员政治引领工作与教学活动相结合，增强沟通和趣味性，使思想政治引领工作落到实处。统战部门可以通过组织统一学习、社会服务以及举办思想交流大会等方式帮助和引领高校留学归国人员自觉接受党的领导，与党同心同向同行。

3. 建立长期思想政治引领机制

随着高校留学归国人员数量的增加，建立长期有效的思想政治引领运行机制十分必要。首先，高校要进行系统的理论培训，让留学归国人员能够清晰把握习近平新时代中国特色社会主义思想。其次，要积极组织留学归国人员参加社会实践，让他们能够清晰把握我国当前国情民情。最后，

---

① 季燕萍. 新时期下高校留学归国人员思政引领工作探析［J］. 教师教育论坛，2019，32（3）：42-45.

要建立留学归国人员思想反馈渠道，及时把握他们的思想动态，加强与留学归国人员的思想交流，建立高效、健康的互动关系。在高校形成一批思想先进的留学归国人员队伍，为后续长期的政治引领工作提供强大理论支撑。

第五节　高校留学归国人员“双带头人”培育工程作用的发挥

一、正确认识高校留学归国人员的积极作用

高校留学归国人员作为我国人才资源中的重要组成部分，在我国高校教育教学、科研和管理等方面具有不可替代的重要作用。为更好地发挥其作用和价值，高校要正确认识留学归国人员的积极作用，深入分析成功案例，借鉴先进经验，做好留学归国人员的统战工作。高校要大力吸收优秀留学归国人员，统筹发挥好留学归国人才作用，将留学归国工作放在重要位置，树立人才全球化观念，以加强高校人才队伍建设，使其能够适应人才国际流动日益频繁、人才资源配置日益国际化的发展趋势。

学校领导需要正确认识到留学归国人员在推动高校发展中的战略性作用。留学归国人员具有特殊经历，掌握着国际先进技术和管理经验，是非常宝贵的优秀人才。特别是高层次留学人员，他们对于建设国际化、高水平大学，带动高校教育教学工作改革创新具有不可替代的推动作用。因此，高校需要从战略高度出发，将团结、服务、引导及发挥留学归国人员作用等工作提高到高校战略性发展规划当中，高度重视留学归国人员统战工作，切实提升高校发展实力。

二、搭建高校留学归国人员统战工作平台

为切实发挥好留学归国人员的积极作用，高校应紧密结合留学归国人员的特点和需要，搭建留学归国人员统战工作平台，服务、管理、规范好留学归国人才队伍，切实发挥留学归国人员的优势作用。

高校应依托政协、留学归国人员联谊会、欧美同学会等组织团体，支持留学归国人员多途径参与政治和社会生活，充分发挥他们在知识层次、信息资源、管理观念、先进经验等方面的优势，鼓励其为地方和高校建设发展建言献策。还可以搭建参政议政平台，针对具有较高参政议政意识的留学归国人员，鼓励其积极加入民主党派，为其提供参政议政渠道。

高校可以以项目为纽带、以活动为载体，搭建联谊交流平台，如“海外学者论坛”等。充分利用好各种联谊交流平台，邀请相关领域的专家学者积极参与活动，举办专题论坛，使留学归国人员能够借助自身的先进经验、亲身经历和优越视野，为学校建言献策。还可借助微信群、QQ群等渠道，搭建多元化联谊交友平台，组织拥有相同兴趣爱好的留学归国人员与教师、学生共同开展文娱、体育等活动，增强留学归国人员的凝聚力和归属感。

三、完善高校留学归国人员评价与支持体系

为真正留住留学归国人才，保证其能够留在学校参与教学、管理、科研等一系列教育工作，高校应积极完善留学归国人员的评价与支持体系，加强对留学归国人员的支持、服务和保障力度，以更好地增强留学归国人才的归属感与认同感，使之真正乐于留在高校就职。

积极改变现有的人才评价体系，建立与评价体系相关联的激励机制，能够更好地激发留学归国人员的创新活力，更好地发挥其优势。在具体实践中，高校可邀请既掌握市场行情又熟悉学界发展规律的第三方专业团队进行合作，由他们结合高校办学特色，围绕留学归国人员发展期望、职业规划和需求，建立科学合理的人才评价机制。然后，针对留学归国人员制定严格的绩效考评指标，采用层次分析法和模糊评价法，对留学归国人员职业素养、业务能力、科研与教学管理水平等多方面给予综合考评。根据考评结果，实施差异化管理措施：为表现突出的留学归国人员提供岗位津贴、科研经费支持及住房保障等激励政策；对考核不合格的留学归国人员依法依规予以辞退；对考核合格但并不符合岗位要求的留学归国人员，应找出具体原因，科学调配工作岗位，保证岗位与人才高度匹配，更好地发挥留学归国人员作用。此外，高校可以通过营造良好的学术与生活环境，提升留学归国人员职业认同感和归属感，使其在思想上树立起命运共同体意识。

第五章　学业导师制下“双带头人”工作室的本科生培养模式与实践

第一节　农机特色铸就江苏大学发展底色

江苏大学是 2001 年 8 月经教育部批准，由原江苏理工大学、镇江医学院、镇江师范专科学校合并组建的重点综合性大学，是江苏省人民政府和农业农村部共建高校、首批江苏省高水平大学建设高校、全国本科教学工作水平优秀高校、首批全国 50 所毕业生就业典型经验高校、全国创新创业典型经验高校、首批全国来华留学质量认证高校、全国“三全育人”综合改革试点高校。

学校具有百年办学历史，文化底蕴深厚。原江苏理工大学的前身镇江农业机械学院，是为贯彻毛泽东同志关于“农业的根本出路在于机械化”的重要指示，1960 年由南京工学院（现东南大学）分设独立建校的，办学历史可追溯到 1902 年刘坤一、张之洞等创办的三江师范学堂。江苏大学作为国内最早设立农机专业、最早系统开展农机教育的高校，坚持立足江苏、服务行业，始终以推动我国农业机械化、现代化为使命，培养了我国第一批农机本科、硕士，以及第一位农机博士、博士后，为我国农业装备人才培养、科技创新，为推动农民增收、农业发展和农村稳定做出了积极的贡献，形成了“工中有农，以工支农”的鲜明办学特色和独特的文化情怀。

江苏大学是在原镇江农业机械学院的基础上发展起来的一所以工科为特色、多学科协调发展的综合性大学，学校在长期的办学过程中始终矢志不渝地发展我国的农业机械化事业。2005 年 3 月，江苏大学专门成立了农业工程研究院；2014 年 5 月，成立了农业装备工程学院，与农业工程研究院“一套班子，两块牌子”；2020 年 5 月，成立了农业工程学院，撤销了农业装备工程学院（农业工程研究院）建制。农业工程学院包含农业工程和机械工程两大一级学科领域，在教育部第五轮学科评估中，农业工程获评 A 级学科，位列全国第三位；拥有国家重点学科 1 个、江苏省优势学科 1 个、二级博士学位授权点 6 个、硕士学位授权点 7 个，设有博士后流动站 2 个。学院设有农业机械化及其自动化、设施农业科学与工程、农业智能装备工程 3 个本科专业。

第二节　学生群体对“双带头人”培育工程的作用

在“双带头人”培育工程中，学生的作用不可忽视。学生不仅仅是教育的对象，更是教育过程中的重要参与者。他们的反馈、意见和建议，对于提升培育计划的针对性和实效性具有重要意义。

1. 学生是“双带头人”培育工程的直接受益者

作为教育对象，学生在“双带头人”培育工程的实施过程中接受党性教育和学术指导，不断提升自身素质和能力。学生的参与和受益程度直接反映了培育工程的效果，为培育计划的不断完善提供了实践依据。

2. 学生的反馈有助于优化“双带头人”培育工程

在“双带头人”培育工程实施过程中，积极听取学生的意见和建议，及时了解他们的需求和困惑，可以有针对性地调整教学内容和方法，提高“双带头人”培育工程的针对性和实效性。同时，学生的参与也能促使教师党支部书记更加关注学生需求，进一步提高教学质量。

学生可以成为“双带头人”培育工程的传播者和推动者。通过参与培育工程，学生可以深入了解党的方针政策、基本理论、基本路线等方面的知识，提高自身的政治觉悟和组织观念。他们可以将所学的知识和理念传播给周围的同学和群众，扩大培育工程的影响力，推动党的方针政策在校园内的贯彻落实。

不同类型的学生可能有不同的参与方式与角色定位，需要结合具体情况来调整和完善学生工作机制、教学安排等环节，以更精准地满足学生的学习需求和全面发展目标。为了更好地发挥学生在“双带头人”培育工程中的作用，可以从以下几个方面入手：

第一，加强学生参与机制的建设。高校要建立健全学生参与“双带头人”培育工程的渠道和机制，如设立学生意见箱、定期召开学生座谈会等，鼓励学生提出意见和建议，及时了解他们的需求和困惑。此外，可以邀请学生代表参与培育工程的评估和验收工作，让他们充分表达对培育工程的看法和建议。

第二，注重培养学生的主体性和创造性。在“双带头人”培育工程中，高校要鼓励学生自主思考、主动探索和实践创新，培养他们的创新精神。

同时，要尊重学生的个性差异和多元化需求，关注他们的全面发展，为他们提供更加丰富多样的学习和发展机会。

第三，加强对学生反馈的回应和利用。对于学生的意见和建议，高校要及时回应和利用，将其作为改进“双带头人”培育工程的重要参考。另外，要加强对学生的宣传和教育，提高他们对党的方针政策的认识和理解能力，增强他们的政治觉悟和组织观念。

在“双带头人”培育工程中，发挥学生的作用是一项系统工程，需要学校、教师和学生共同努力。建立健全学生参与机制、注重培养学生的主体性和创造性、加强对学生反馈的回应和利用等措施，有助于更好地发挥学生在“双带头人”培育工程中的作用，提高培育工程的针对性和实效性。

第三节　江苏大学农业工程学院“育知农英才”体系构建

一、涉农专业发展困境与时代需求

当下，我国农业领域的发展态势极为严峻。随着工业化与城镇化的快速推进，耕地面积不断缩减，水资源短缺问题日益凸显，农业发展遭遇了前所未有的资源环境约束。同时，农村劳动力大量向城市转移，农业人口老龄化现象加剧。这一系列问题严重制约了农业的可持续发展。在此情形下，培育具备创新能力与深厚农业情怀的“知农、爱农、强农、兴农”高水平人才成为当务之急。

以农业机械化及其自动化为代表的涉农专业，在发展进程中举步维艰。在生源方面，由于社会认知偏差，以及农业专业的艰苦性等因素，涉农专业的优秀生源相对匮乏，调剂志愿学生占比较高。在人才培养体系层面，传统的院系、专业划分模式致使学科间“各自为政”，关联性、相融性和互补性不强。同时，课程设置存在多而散、衔接性差的问题，新知识、新技术融入课程体系的速度迟缓，难以契合现代农业对复合型人才的需求。在国际化办学方面，与世界顶尖农业院校相比，我国涉农专业在教育理念、办学思路、教育质量认证体系等方面存在较大差距，国际化办学程度较低，这极大地限制了学生国际视野的拓展和专业办学质量的提升。

在这样的形势下，江苏大学农业工程学院积极响应时代号召，深入剖析问题根源，全力探索创新人才培养新模式，致力于打破现有困境，为农业现代化建设输送高素质、复合型人才，为我国农业的发展注入强劲动力。

二、学业导师制全方位助力学生成长

为深入贯彻“全员育人、全过程育人、全方位育人”的“三全育人”综合改革理念，切实提升本科生人才培养质量，江苏大学精心制定了《江苏大学学业导师管理办法》《江苏大学关于进一步深化“三全育人”综合改革加快构建思想政治工作体系的实施意见》等一系列文件。农业工程学院结合自身专业特色与学生需求，在此基础上进一步细化了本科生学业导师工作细则。

学业导师在学生成长过程中扮演着多重关键角色。

在专业思想教育方面，导师们围绕专业培养目标、教学计划、课程设置及就业去向等核心内容，通过开展专业讲座、组织小组讨论、一对一交流等形式，为学生答疑解惑。例如，在每学年新生入学教育阶段，导师们会集中开展专业介绍会，展示近年来本专业在农业机械化新技术研发、农业生产实际应用等方面的成果，帮助学生深入了解专业的培养规格和要求，从而增强学生对专业的信心，激发学生的专业学习兴趣。

在学业规划指导方面，导师们充分尊重学生的个体差异。他们深入了解学生的学习基础、学科偏好和个性特点，为学生量身定制专业发展目标。对于有出国留学意向的学生，导师会介绍国外知名农业院校的专业优势、申请流程与要求，指导学生准备语言考试和相关申请材料；对于准备考研的学生，导师会根据学生的学习成绩和专业兴趣，推荐合适的考研院校与专业，并从复习规划、资料选择、心理调适等方面给予全方位指导；对于选择就业的学生，导师会结合行业动态，为学生分析就业形势，提供实习与就业资源，指导学生撰写简历，传授面试技巧；针对创业学生，导师会帮助其进行项目策划、市场调研和风险评估等。

在专业学习指导环节，导师们定期与学生沟通，详细了解学生修读学分的情况，依据学生的学习进度和能力，指导学生合理选课。例如，在每学期选课前夕，导师会与学生逐一交流，结合学生的学业规划，帮助学生选择既能夯实专业基础，又能拓展专业技能的课程，助力学生构建完善且符合自身特点的专业知识和技能体系。同时，导师们时刻关注专业领域的最新动态，通过组织学术沙龙、分享学术论文等方式，及时向学生介绍学科理论和实务的新变化。在实践教学方面，导师们积极指导学生参与见习、实习活动，为学生联系优质实习基地，在实习过程中定期与学生沟通，解决学生在实习中遇到的问题。

在考研指导教育工作中，导师们不仅会向学生介绍考研形势与政策，还注重学生考研思想基础的夯实。他们从大一、大二阶段就开始引导学生树立考研目标，通过组织考研经验分享会等活动，激发学生的考研热情。在复习备考阶段，导师们强化专业学习指导，根据不同学科特点，为学生制订科学的复习计划，定期检查学生的复习进度，解答学生在学习中遇到的疑难问题。据统计，在导师的悉心指导下，学院考研上线率逐年提升。

在创新创业教育方面，导师们积极引导学生开展科学研究和创新创业实践。他们将自己主持或参与的课题介绍给学生，选拔学有余力的学生参与课题研究。例如，在开展“智能农业机器人研发”课题时，导师们吸纳了多名本科生参与，学生们在参与课题的过程中不仅提升了科研能力，还在相关学术期刊上发表了研究论文。导师们通过指导学生参与科研立项、创新创业大赛、学科竞赛等活动，培养学生的创新意识和创业能力。学院规定，大三及以上年级学生需作为主要完成人参与 1 项校级以上科研项目（学科竞赛、学术交流活动等），这一举措极大地提升了学生的实践能力，培养了学生的创新精神。

面对学习困难学生，导师们主动关心，定期与学生谈心，了解学生在学习中遇到的困难与挫折，帮助学生树立信心。导师们会与学生一起分析学习困难的原因，如学习方法不当、基础知识薄弱等，并制订有针对性的帮扶计划。对于受到学业警告的学生，导师们帮助其制订课程重修计划，提供必要的学业辅导，定期检查学生的学习进展，确保学生能够逐步克服困难，跟上学习进度。

此外，学业导师还注重引导学生养成求真务实的学风和良好的学习习惯。在日常交流中，导师们帮助学生端正学习态度，传授科学的学习方法。对于负责指导新生的学业导师而言，帮助学生尽快适应大学的学习模式和节奏是首要任务。他们通过组织新生参加学习经验交流会、学习方法讲座等活动，引导新生转变学习观念，掌握学习的技巧，顺利完成从高中生到大学生的角色转变。在整个育人过程中，学业导师坚持德育为先，积极与辅导员沟通交流，定期分享学生的学习状况和思想动态，共同做好学生的教育引导工作。

学业导师指导工作采取集中与分散相结合的灵活方式。每学期集中指导不少于1次。集中指导时，导师们会围绕共性问题，如专业发展趋势、学业规划调整等进行专题讲解与讨论。分散指导则根据学生的具体情况随时开展，每位学生每学期的“一对一”指导不少于1次。学业导师每学年、每学期向学院提交详细的工作总结和建设性的工作建议，对所指导学生做出客观、全面的评价，为学院进一步优化人才培养方案提供有力依据。

三、“以工强农、以融兴农”的创新实践路径探索

1. 优化课程体系，促进学科交叉融合

学院紧紧围绕“知农、爱农、强农、兴农”的人才培养目标，全面优化课程体系。在基础课程整合方面，打破传统学科界限，将相关基础课程进行有机融合。例如，将农业机械制图、工程力学等课程进行整合，使学生在学习过程中能够建立起系统的知识框架，提升对专业基础知识的综合运用能力。在专业技术基础课程融合上，针对偏农、偏工类课程，学院组织专家团队进行研讨，重新设计课程内容，使其相互渗透、相互支撑。以农业机械设计与农业生产工艺课程融合为例，学院让学生在学习机械设计原理的同时，深入了解农业生产的实际需求，从而设计出更符合农业生产实际的机械设备。

为了提升课程的开放性，学院开放部分专业课程，引入企业实际项目和行业前沿案例进行教学。同时，学院积极提升实践环节的开放性、自主性和探究性水平。学院建设了多个开放性实践教学平台，如农业装备创新实践基地，学生可以自主提出实践项目，在导师的指导下开展实践探究活动。

在课程增设方面，学院涉农专业增设学科前沿与交叉融合类课程，如“云计算与大数据”“农业地理信息系统”等，让学生及时了解学科前沿动态，掌握新兴技术在农业领域的应用。在通识教育模块，学院增设“大国三农”类选修课，通过邀请农业领域专家学者讲学、开设专题讲座等形式，让学生深入了解我国农业发展的历史、现状与未来趋势，增强学生对“三农”问题的认知与责任感。通过引进与自建相结合的模式，学院成功开设

了“农产品无损检测技术”“农业生物传感器导论”“机器学习基础及应用”等课程，丰富了课程体系的内涵。为了确保教学内容与时俱进，江苏大学全面修订了课程教学大纲，在专业集群内的各专业课程体系中巧妙植入农机、农电、农水、农产品加工等多学科的知识。例如，在“农业机械化及其自动化专业”课程中融入农学知识，使学生在学习农业机械设计与制造的同时，了解不同农作物的生长特性和农艺要求，从而设计出更高效、更实用的农业机械设备。学院及时将现代农业发展的新理论、新知识、新技术融入教学内容，如将物联网技术、大数据分析技术等新兴信息技术，以及基因编辑、生物防治等生物技术充分融入专业集群内的相关课程，确保课程内容紧跟新知识、新技术的发展，突出时效性，培养出适应现代农业发展需求的复合型人才。

2. 拓展实践创新，提升学生综合能力

按照融通实体与虚拟、综合校内与校外的创新思路，江苏大学全面修订了涉农专业集群实践教学大纲。学院与多家企业、科研院所合作，将产业先进技术和科学前沿成果转化为实验、实践教学项目。例如，学院与某农业科技企业合作，将其研发的“精准农业灌溉系统”项目引入实践教学，学生通过参与项目实践，不仅掌握了先进的农业灌溉技术，还提升了将理论知识应用于实践的能力。学院打造了分层递进的实践教学体系，从基础实验、专业实践到综合创新实践，逐步提升学生的实践能力。在基础实验阶段，注重培养学生的基本实验技能和科学思维方法；在专业实践阶段，通过校企合作实习、课程设计等环节，提升学生的专业实践能力；在综合创新实践阶段，鼓励学生参与科研项目、创新创业大赛等活动，培养学生的创新能力和综合素养。

学院积极鼓励学生通过参与创新课程、创新实践活动以及发表科研成果等多渠道获得创新学分，实现个性化培养。例如，学院设立了“耒耜创新实验室”，鼓励学生开展科技创新，激发学生的创新积极性。同时，学院探索建立符合新工科、新农科融合建设需求的多种方式、多种形态的协同育人新机制、新模式。学院与企业共建实习实训基地，联合开展人才培养项目，推动校企（院、所）协同育人与协同创新的全面发展。学院定期聘请知名专家进入涉农专业讲堂开展专题研讨活动。专家们的前沿观点和丰富经验，不仅拓宽了师生的视野，还引导教师转变观念，强化新工科、新农科建设的使命意识、责任意识，培养师生心系“三农”和“知农、爱农、为农”情怀。通过这些举措，学院切实提高了实践教育在人才培养体系中的融合度和连贯性，培养出一批具有创新精神和实践能力的高素质涉农专业人才。

3. 推进国际合作，培养全球胜任人才

面对培养国际化人才的迫切需求，江苏大学依托农业工程学科优势以及江苏省现代农业装备与技术协同创新中心平台，积极加强与国内外著名涉农高校的合作。学院与农业工程学科世界排名前50位的高校开展人才联合培养项目。在联合培养过程中，学生有机会到国外高校进行学习交流，参与国外高校的科研项目和实践教学活动，拓宽国际视野，学习国外先进的农业教育理念和技术。学院不断拓展涉农专业学生中外交流项目，扩大学生境外交流规模，通过设立涉农奖学金、提供交流项目信息等方式，鼓励更多学生参与境外交流活动。同时，学院积极推进校际学分互换互认、学位互授联授工作，为学生提供更便捷的国际交流学习渠道，联合培养国际化高端农机人才，有力促进了农机教育国际化。

江苏大学以牵头组建的农业工程大学国际联盟为新平台，积极开展留学生的农机教育与培训工作。通过精心设计留学生培养方案，学院选派优秀教师授课，为来自不同国家的留学生提供优质的教育资源，传播中国农业工程领域的先进技术和经验。同时，学院持续派遣教师赴海外开展农机人才培训工作，提升教师的国际教育交流能力和专业水平。此外，学院多渠道聘任外国专家定期来校从事本科教学工作。这些外国专家带来了国际化的教学方法和前沿的学术观点，丰富了教学内容，提升了学生的国际交流能力。学院还加强与国际科教组织合作，积极推进国际组织人才学院、“一带一路”国际人才学院建设，通过开设相关课程、组织国际交流活动等方式，培养具有国际视野与中国情怀、具有出色的跨文化沟通和国际交往能力的人才，为我国农业工程领域的国际化发展提供人才支撑。截至2022年，江苏大学已为“一带一路”共建国家培训1400余名农业机械人才，包括青年农机管理者、农机操作人员、农业相关专业师生等。

四、成立“高良润”实验班，探索涉农人才培养新范式

为促进新工科与新农科融合发展，探索涉农人才培养新范式，培养具有创新精神和实践能力的新农科拔尖人才，江苏大学专门成立了“高良润”

新农科拔尖人才实验班（以下简称“高良润”实验班），系统训练学生农业工程技术、信息技术、新能源技术、生物技术、智能制造、环境工程等多学科交叉融合的科学研究和开发应用能力。2021 年，江苏大学从农业机械化及其自动化、设施农业科学与工程、农业电气化 3 个专业中选拔了 20 名尖子生组建“高良润”实验班（第一期）。为了确保实验班学生能够得到全方位的培养，根据《江苏大学新农科“高良润”实验班培养方案》，农业工程学院为该班每位学生精心选配了一批政治素质过硬、管理经验丰富、专业知识深厚、学术造诣高、具有高级职称的教师担任科研导师。科研导师不仅在专业学习上给予学生精心指导，还注重培养学生的科研素养和创新思维，引导学生参与科研项目和学术交流活动。

“高良润”实验班作为学院优秀学生的汇聚地，学生们大多具备较强的自我控制能力和自主学习能力。在学业规划的引导和指导老师的引领下，学生们刻苦学习、奋发向上的特质愈发凸显。学院定期开展“高良润精神”主题教育，通过讲述高良润先生在农业工程领域的卓越贡献和奋斗历程，让学生们深受熏陶，家国情怀日益浓厚。在实验班学生的榜样作用引导下，学院其余学生如同被“鲇鱼效应”激活，学农、爱农、服务的“三农”意识显著增强。

第一期“高良润”实验班成绩斐然。2023 年，6 人成功被推免至浙江大学、中国农业大学、西北工业大学等国内知名高校继续深造，1 人成功获得美国伊利诺伊大学香槟分校进修资格；10 人考研至浙江大学、中国农业大学、华中农业大学等高校；剩余 3 人则积极投身社会，在农业企业、农业基层单位等岗位上，以实际工作的方式为农业贡献自己的力量。“高良润”实验班的成功实践，充分彰显了农业工程学院人才培养体系的科学性与有效性，为学院其他学生树立了优秀标杆。

第四节　毕业论文（设计）过程中产业教授的协同作用

教育部通过印发《新农科人才培养引导性专业指南》，引导涉农高校加快培养急需紧缺农林人才，提升服务国家重大战略需求和区域经济社会发展能力。推进“职普融通、产教融合、科教融汇”是提高人才培养质量的重要途径，也是促进教育链、人才链与产业链、创新链有机衔接的必要路径①。因此，充分发挥产业教授在高校教育中的作用成为至关重要的环节。近年来，随着招生规模的不断扩大，新农科背景下农机专业毕业设计呈现出了诸多问题②，如高校毕业设计与企业发展脱节、设计理念与基础知识陈旧、对企业和市场需求跟进不及时，毕业设计效果难以达到企业的预期。

一、围绕农机专业毕业要求，探索新型人才培养模式

在新农科时代背景下，农业农村现代化发展的关键在于培育具有“知农、爱农、兴农”情怀的新型人才，推进农业农村现代化和乡村全面振兴。农机专业人才培养的关键不仅在于注重理论知识与生产实践相结合，还在于坚持以立德树人为根本、德育为先的教育理念。

目前，各高校对学生毕业设计的指导“重理论、轻实践、难落地”以及学生学农不为农的情况普遍存在，农机专业教育也常流于表面，导致教师在思政教育过程中难以实现教育的高度渗透和农业情怀的有效感化。因此，以“厚植爱农情怀，练就兴农本领”为培养核心，强化学生的创新意识，探索以产学研深度融合发展为目标的产业教授融入高校的“双师型”人才培养模式，完善农机专业实践教学体系，指导学生在毕业设计过程中实现专业知识与思政教育价值观相结合，是农机专业人才培养的目标。

具体而言，农机专业要求学生不仅要有足够的知识储备，还要有过硬的实践本领，但由于指导教师局限于理论讲授，学生难以及时将理论知识转化为实际技能。围绕农机专业毕业培养目标，通过校企合作并引入产业教授指导学生毕业设计，打造“双师型”师资队伍，聚焦以人为本、协同育人的理念，建立面向新工科、新农科专业需求的“农工结合”人才培养模式。通过指导教师引导毕业生感悟爱农情怀、产业教授助力学生练就兴农本领的双向指导，加强毕业设计过程中的思政教育，积极引导学生参与本专业、跨专业学术交流活动，增强“知农、爱农、为农”情怀，真正培养出具有爱农情怀且具备创新能力的农机专业应用型人才。

---

① 丁南，王韵甜．产教融合背景下应用型本科会展专业项目式教学实施探索［J］．商展经济，2024（1）：189-192.

② 强华，邓凌云，李正网．协同育人视角下机械类本科毕业论文的改革探索［J］．科学咨询，2023（5）：256-258.

二、探索产业教授融入路径，深化思政育人课程改革

目前，在高等人才培养过程中，实践教学受到越来越多的关注，各高校都加大了对实践教学的投入。但是，实践教学现状与应用型本科人才培养目标还有一定差距，理论脱离实践的问题还比较突出。因此，培养高校毕业设计指导教师的课程思政意识，提升其思政素养，以产业教授为纽带，结合学校现有思想政治教育资源，秉持“课程承载思政，思政寓于课程”的育人理念和方法，强化指导教师的课程思政教学能力和水平，探索产业教授融入高校的具体路径，对深化思政育人课程改革具有重要意义。

面对“三农”事业的发展，以及协同育人思政教育工作要求的提高，农机专业应从“思政课、专业课、实践课”三个维度推进毕业生“知农、爱农、兴农”情怀的发展。产业教授体现的是企业与教授的结合，引入产业教授，可以实现高校资源与企业发展的深度对接。因此，通过引入产业教授深化改革高校思政课程，引导学生养成综合利用所学理论知识及技能去解决实际问题的思维方式和思维习惯，将企业实习内容融入农机专业毕业论文（设计），实现从校内实践到校外实践的过渡，从而鼓励学生在毕业实习阶段提出问题、凝练问题、深度思考解决问题的办法，将思政教育有效贯穿学生毕业设计全过程，对加快产业教授在高校中的融入进度、在实践教学过程中促进产教融合具有重要作用。

将产业教授所传授的专业知识与思政教育理念有机结合，打造适合农机专业毕业设计的教学模式，根据课程目标与培养方案设计任务内容，并保证任务难度与工作量处于合理的范围，以激发学生积极参与实践，使得农机专业学生不仅能够在指导教师的引导下完成毕业设计的理论知识储备，还能通过产业教授的言传身教激发学生对于思政教育的兴趣，积极从关注专业知识和毕业要求的表层深入毕业设计课题的深层意义思考，实现对学生人生观和价值观的引领。

三、构建校企实践教学基地，架起产教融合育人桥梁

产业教授体现的是产业与教授的结合，通过选聘科技企业家到高校担任产业教授，引企入教，引企入研，实现高校与企业创新资源的深度对接。

这一制度最早由江苏省于2010年设立。目前，这一制度得到校企双方的肯定，在产教融合、校企合作方面取得了良好的成效，江苏省将原本在本科院校博士、硕士培养中采用的产业教授项目延展到高等院校，探索职业院校产业教授制度。

通过开展“合作制”校外实训基地模式，学校可以依托政府，吸纳由企业家组成的专业委员会成员。以专业委员会为平台，学校可以实时了解与该专业发展有关的政策动向、企业对该专业人才的具体要求等信息，同时可以加强该专业师生与社会的联系，最终促成“合作制”校企实训基地的建立。培养过程中采用“订单式培养”模式，学校按照企业对人才质量与数量的要求与企业合作共同培养学生，培养出来的学生既符合企业的要求，又能消除自身就业顾虑，毕业后直接输送到企业工作。因此，校企实习基地是校内实践教学条件的重要补充，是理论教学与实践教学的重要桥梁。

四、建立过程考核评价方案，发挥产业教授协同作用

农机专业学生的毕业设计着重于锻炼学生利用所学知识解决实际问题的能力，具有“过程性”的特点。因此，产业教授不仅要全过程参与高校的教学与思想教育工作，还要围绕专业、课程和教学与指导教师进行合作，形成以产业教授为主体的产教融合育人机制，在毕业设计过程中发挥产业教授的思政育人及协同作用。

要进一步发挥产业教授的示范效应和指导作用、提高学生的实践创新能力，就要积极深化教学改革，加强产教深度融合，促进教育与人才培养有效衔接，探索新型复合型人才的培养之路，并建立学生毕业过程的全方位产业教授指导模式，实现产学研相融合。同时，为在农机专业毕业设计过程中充分发挥产业教授实践经验丰富、思政理念与生产一线结合紧密等方面的优势，建设任务型实践教学模式，需要让产业教授全程参与毕业设计的选题指导及毕业论文的撰写指导工作。以“懂技术、会管理”的核心专业技能培养为主线，以“引导与合作”为指导理念，以产业教授为桥梁，构建校内外产教融合衔接的全过程毕业设计考核评价方案，培养高技能农机专业人才。

要建设以产业教授为主体的产教融合办学机制，并将产业教授融入高

校的思政育人工作并使其发挥作用，就要把思政课建设情况作为评价产业教授指导水平和学生毕设完成质量的重要内容，定期对毕业设计团队的思政课建设情况和教学质量进行督导评估。同时，将思政育人工作纳入产业教授的工作绩效考核，以思政育人成果为考核依据，给予教师足够的动力开展课程思政教育。这对推进人才培养、科技创新和产业发展，深化产教融合，发挥产业教授协同育人作用，推进毕业论文（设计）改革具有现实意义。

第五节　毕业论文（设计）指导教学中的课程思政教育

就农业工程专业的毕业生而言，毕业设计是大学学习中的最后一程。指导老师不仅要教授学生将农机相关知识学以致用的方法，还需要引导其在进入社会后继续践行社会主义核心价值观。毕业设计是实现全程育人、全方位育人的关键步骤。但目前课程思政作为思想道德层面的教学内容，与专业课程教学的融合存在一些难度。因此，本节从树立“课程思政”的理念、发掘思政元素并融入课程、加强过程管理践行思政理念、宣传“课程思政”营造良好氛围、完善教学监控体系与优化考核方案等几个方面，对“课程思政”进行探索。通过毕业论文（设计）指导教学中的课程思政教育，发挥指导教师的思政教育功能，积极引导学生养成正确的世界观、人生观和价值观，培养新型的“知农、爱农”人才。

一、树立“课程思政”的理念

指导教师是毕业论文（设计）教学过程中思政课程的执行者，对“课程思政”的引导具有以上率下的关键作用。为将思政元素融入毕业论文（设计）教学之中，指导教师应转变“毕业论文（设计）教学与思政教育无关”等思想观念，主动树立在毕业论文（设计）教学中推行“课程思政”的意识。农业工程学院积极引导农机专业毕业论文（设计）指导教师同思政教学名师、骨干教师在课题组工作例会等场合开展学术沙龙，通过经验交流、思政教学培训、现场教学观摩、专题培训、专业研讨等方式，提高指导教师的课程思政教学能力和水平，进而使指导教师在毕业论文（设计）

指导教学的思政教学改革中发挥带头示范作用。因此，培养高校毕业论文（设计）指导教师的课程思政意识、提升其思政素养，是高校建设课程思政的重要环节。

二、发掘思政元素并融入课程

将课程思政融入专业教学的前提是在课程教育中深度发掘思政元素。农机专业的培养旨在让学生掌握农业机械方面的相关基础理论并能将理论应用于实践之中，从而确保学生掌握农业机械产品设计的基本方法，具有解决实际工程或模拟工程问题的能力。毕业论文（设计）指导教师要秉持“课程承载思政，思政寓于课程”的育人理念和方法，将专业知识与所传达的价值有机结合，实现对学生人生观和价值观的引领。

毕业论文（设计）指导教学作为农机专业的核心课程，整体内容蕴含着科学探索精神。指导教师应根据课程内容将相关的思政教育融入教学，在传道授业解惑的过程之中引人以大道、启人以大智，培养具有“知农爱农初心、强农兴农本领、助农为农行动”的一流农机人才。

三、加强过程管理践行思政理念

毕业论文（设计）是学生进入社会前的最后一道关卡。在毕业论文（设计）的过程中，学生可以全面了解自己的专业能力和素质，为终身学习和自我发展打下坚实基础，职业精神和素养的培育应当贯穿整个阶段。指导教师在课题选择、文献查阅、工作实施、数据分析、论文撰写与修改、答辩预备等环节应给学生设立严格的标准，避免学生为了应付导师分配的任务而只顾进度、不重质量，增强学生的责任意识和认真严谨的科学素养。

教师应不失时机地将思政要素融入指导工作，引导学生树立责任意识，使学生认识到自己的科研成果具有重大意义，从而在毕业论文（设计）方案实施过程中保持认真负责的态度；落脚于培育学生精益求精的工匠精神，使学生刻苦钻研、追根究底，不断打磨自己的成果。

同时，教师应借助毕业论文（设计）引导学生意识到团队的力量，每个人的长处有所不同，唯有多方协作、资源共享、乐于奉献、坦诚交流，才能更好完成目标。指导教师应结合学术造假的案例进行分析，引导学生在论文撰写的过程中注重学术道德规范，实事求是，遵循科研论文规范，端正学术风气，培养严谨的科学素养。在此般引导之下，学生在毕业论文（设计）工作中一定会自发地认同并逐步接受思政教育。

四、宣传“课程思政”营造良好氛围

在毕业论文（设计）开始前，学院应发挥宣传导向作用，引领艰苦奋斗、实事求是、谨本慎始的科研风向，营造良好的思政教育和毕业论文（设计）的学习氛围。学院领导要加大正面宣传和舆论引导力度，努力形成全院乃至全校关心支持办好思政课、指导教师教学融入思政教育、学生积极汲取政治思想的良好氛围。

在指导教师发挥主导作用的言传身教以及学院舆论宣传的环境塑造之下，显性的专业指导和隐性的思想熏陶相结合，激发学生对思政教育的兴趣，促使学生积极从关注专业知识的表层深入毕业论文（设计）课题深层意义的思考。此外，由于诸多外因，学生群体存在一定的心理压力，学院应深入开展学生心理健康教育，坚持以人为本，完善教风学风建设，积极创建富有学院特色的思政育人文化，健全学院与课题组之间的协同育人机制。

五、完善教学监控体系与优化考核方案

将思政课程建设情况及学生毕业论文（设计）质量作为教师指导水平评价的重要内容，定期对毕业论文（设计）团队的思政建设情况及教学质量进行督导评估。

利用开题、中期检查、答辩等考核方式，全过程调研学生在毕业论文（设计）过程中的思想政治素养的发展变化。以政治认同、家国情怀、文化素养、宪法法治意识、道德修养、学术道德规范等作为德育考核项目。

将思政育人成果纳入指导教师的工作绩效考核，作为职称评审的依据，推动教师开展课程思政教育。

采用同行评价、领导和专家评价、教师自我评价等方式对指导教师的教学过程进行评价。通过评价机制督促教师以反思者的眼光审视和分析教学中发现的问题，不断对课程思政融入教学与实践的效果进行反思，进而改进自己的教学方法，提出新的教学方案，有效推动课程思政发展。

第六章　涉农科技项目攻关在新农科研究生培养中的作用

第一节　农业强国使命下的农机人才培养现状

一、农机企业人才需求与涉农毕业生就业现状

随着我国农业现代化的推进，农机化水平不断提高，农机企业对高素质农机人才的需求日益增加，呼唤着更多有志于农业发展的年轻人投身其中，以满足农业发展的需要。然而，当前存在涉农专业的毕业生普遍不愿从事涉农工作的现象，这与农机企业对人才的实际需求形成了矛盾。

这一矛盾可能源于对涉农工作的认知偏差等多方面因素。学生可能认为涉农工作不够吸引人或社会认可度较低，更偏向选择其他行业。为解决这一问题，有必要通过宣传教育，提升涉农工作的社会形象，让更多人认识到涉农工作的重要性和吸引力。政府和企业可以加大对农机专业人才的培养支持，通过提供更多实践机会、奖学金等激励手段，引导更多优秀的毕业生投身于农机行业，为我国农业现代化贡献力量。

二、高校涉农专业教学与实际需求的匹配性

1. 课程设置与行业需求不匹配

当前高校的涉农专业课程设置可能存在与农机企业实际需求不匹配的问题。某些课程可能过于理论化，未能充分满足农机企业对实际操作技能和应用能力的迫切需求。在课程教学中，高校应更加注重融合理论与实践，确保学生能够在毕业后顺利适应农机企业的工作环境。同时，高校应加强与行业合作，引入“企业导师”，使学生能够深入了解农机企业的实际运作和技术需求。这样可以提高涉农专业课程的实用性和就业竞争力，让学生可以更好地服务社会。

2. 缺乏与企业合作的机会

高校与农机企业的合作机会仍有不足，导致学生在校期间缺乏与实际工作相关的实践机会，这使得毕业生在就业市场上可能面临实际操作经验不足的问题。学校应通过校企合作的方式，让企业成为人才培养的参与者

和评价主体，学校和企业共同确认人才培养需求，一同制定课程建设内容。企业全程参与有助于发现人才培养中的短板，推动人才培养体系不断优化。

3. 涉农专业教学方案改进

涉农专业的课程设计应符合行业导向。高校应当与农机企业深入沟通，了解其实际需求，调整涉农专业的课程设置，使之更符合行业要求，注重培养学生的实际操作技能。高校还应加强学生的操作实训，建立实训基地，提供更多实际操作的机会，使学生能够在学习期间就熟悉农机操作和维护技能。高校可通过企业讲座等形式，使学生更早地接触到实际工作环境，提高其对农机行业的了解。这样可以更好地满足农机企业对高素质农机人才的需求，促进农机专业人才培养体系的优化。

第二节　江苏大学智能收获团队的新农人培育模式

江苏大学农业工程学院收获装备研究院（以下简称收获院）是2020年9月成立的隶属于农业工程学院的专职科研机构。在农业现代化的时代浪潮中，江苏大学智能收获团队依托收获院，以攻克农机“卡脖子”技术和培育新农人为己任，通过一系列创新实践，构建了一套卓有成效的新农人培育模式，打造了“田野上的思政课”党建品牌和“良润精神、耒耜传承”支部文化，实现了全国高校三大顶尖赛事（“挑战杯”全国大学生课外学术科技作品竞赛、“挑战杯”中国大学生创业计划竞赛、“互联网+”大学生创新创业大赛）金奖大满贯，指导学生先后获第十三届全国大学生创新创业年会“最佳创意奖”，获评江苏省最美大学生、江苏省优秀毕业生、江苏省三好学生等。

一、融合农耕底蕴与教育平台，奠定培育基石

在当前国内农业发展的新形势下，新农人培育面临诸多难题。江苏大学智能收获团队精准把握新农人全面发展的条件与目标，将深厚的农耕文化底蕴与教育平台建设紧密结合，为新农人的成长夯实基础。

1. 耕读育人，厚植新农人文化自信根基

收获院深入挖掘优秀农耕文化内涵，将其巧妙融入新农人的思维与价值体系。激发新农人在农业领域奉献的自我价值认知，强化新农人“收好全国粮”的责任担当，助力新农人在实现个人价值的同时，切实履行“端稳中国碗”的使命，从根本上筑牢文化自信。

2. 平台赋能，激活新农人乡土情怀动力

收获院为投身农业的人才搭建广阔平台，整合新质生产力与新农人资源。同时，收获院以新农人培育为核心，以智能农业收获技术转化为导向，突破传统束缚，充分唤醒新农人内心深处的乡土情怀，促使他们积极投身于祖国的粮食收获事业。

二、顺应数字时代，构建新农人数字素养培育体系

数字技术的飞速发展使农业产业发生深刻变革，江苏大学智能收获团队积极顺应这一时代潮流，精心构建新农人数字素养培育体系，多维度全面提升新农人的数字素养。

1. 强化数字技能培育，提升职业能力

收获院将新型智能田间收获技术应用与科学顶层设计有机融入专业教学，着重培养新农人运用农业物联网等先进技术获取生产信息的能力，引导他们借助“数字交流、沟通协作”平台，稳步提升职业素养与专业水平。

2. 挖掘数字创新潜能，拓宽学习渠道

收获院致力于深度挖掘新农人的数字创新潜能，持续提升其数字化认知水平。同时，收获院积极推动高校产学研深度融合，搭建资源共享平台，将前沿数字化创新技术切实应用于农业生产，实现科研成果与现实农业的精准对接，有效拓宽新农人的学习渠道。

3. 塑造数字思维方式，优化学习环境

收获院以大数据发展趋势为重要支撑，全力革新新农人的思维方式，巧妙平衡传统农业与数字化技术，大力推广数字化技术与智能装备的广泛应用，为新农人营造多维度数字化学习环境，借助真实场景激发其自主学习动力。

三、构建知识理论与实践操作协同的育人机制

为培育适应农业现代化需求的新农人，江苏大学智能收获团队建立了知识理论与实践操作协同的育人机制。

1. 以理论引领实践，有机衔接智慧农业收获理论

收获院着力提升新农人对智慧农机收获技术的探索能力，以先进理论完善其知识体系，切实做好理论与农业机器人应用等实际产业的紧密衔接。收获院还以通信技术、计算机网络技术、控制方法等先进理论为基础，完善新农人智能农业收获装备知识体系，做好与农业机器人、智能农机大数据平台、无人农机开发及农业自动化生产等实际农业产业应用的有机衔接。另外，收获院借助创新理论推动农业生产高效发展，通过生产实践反哺新农人的科技创新思维，形成良性循环。

2. 用实践深化理论，系统搭建协同育人实践平台

收获院在推进智能农业科技理论研究的基础上，搭建智能农业实践平台。依据新农科的学科特点，构建“校地”协同育人平台，并基于实践基地的生产、实验及数据采集等，将基础课本理论与生产实践紧密关联。如以农业物联网技术、无线通信及智能控制等新手段，搭建智慧型农业收获过程监测系统，通过多维度的传感器将田间作物信息实时传输至可视化数据控制中心，再利用采集的数据对田间收获装备进行远程监管与控制，以此为培育新农人提供坚实的实践平台与有力的技术支撑。

四、精准赋能，适应农业现代化智能收获需求的创新举措

为助力新农人更好地适应农业现代化智能收获需求，江苏大学智能收获团队实施精准“赋能”策略。

1. 优化教学结构，找准育人着力点

收获院聚焦智能化农业收获装备产业，精准定位校企、校农、校地合作的关键结合点，牢牢把握学科建设与教学实践的核心，同时大力推动新农科专业交叉融合，适时增设相关课程，持续优化教学结构，着力培育复合型新农人。

2. 强化师资力量，增强育人针对性

学校需从源头上强化师资队伍建设，不断提升教师对涉农工作的使命感与责任感。一方面，涉农专业教师应该具备扎实的理论知识与丰富的实践经验。另一方面，学校要广邀企业优秀人才参与教育教学，为新农人提供实用指导。

3. 坚守育人目标，凝聚育人合力

在教学过程中，教师应始终坚守培养掌握智能农机装备理论的高素质技术人才的目标，灵活运用引导式教学激发新农人的学习热情，根据其实际需求增加培训投入，稳步推进学训结合，不断丰富教育资源，全面助力新农人熟练掌握智能农业技能。

第三节 “五航”助力强农、兴农先锋人才培育

一、护航工程：党建与育人业务“双融双促”

1. “党建+育人”引领教育强国建设

党的二十大报告将“建设教育强国”确立为全面建成社会主义现代化强国的基础性工程，明确提出要落实立德树人根本任务。在此战略背景下，护航工程以构建党建与育人“双融双促”机制为核心，通过强化党组织政治功能与组织功能，系统推进涉农专业教育教学改革；通过建立“党建+育人”工作矩阵，实现组织生活与教学活动同频、党员培养与人才培育同步。护航工程既增强了党建工作实效，也为教育事业的发展注入了持续动能，在培养具有家国情怀、专业素养、实践能力的社会主义建设者方面取得显著成效。

2. “双师”+思政“三位一体”育新人

高素质师资队伍建设是实施育人工程的关键支撑。高校需构建“双师型”教师发展体系，重点引进具有产业一线经验的行业专家，通过案例教学、项目实训等方式突出专业教育的实践导向。在此过程中，党组织要充分发挥师德师风建设主导作用，通过政治理论学习、主题实践活动等，引

导教师将“为党育人、为国育才”使命融入教学科研全过程。涉农高校要创新实施“课程思政耕读计划”，在专业课程中系统嵌入现代农业发展史、乡村振兴战略等思政元素，进而建立“知识传授、能力培养、价值塑造”这一“三位一体”的育人模式，着力培育懂农业、爱农村、善创新的复合型人才队伍。

二、助航工程：田野教学与思政育人并行

1. 田野教学中融入思政教育

江苏大学农业工程学院创新打造“田野上的思政课”特色党建品牌。该品牌以“三位一体”教育模式为核心。首先，通过系统的思政课程体系，将专业知识传授与价值引领深度融合；其次，依托田间课堂实践，使学生在农机操作、农田管理等实践中直观感受党的“三农”政策对农业现代化的战略指引；最后，通过沉浸式体验，实现从“知农”到“爱农”的情感升华。这种教育模式突破了传统课堂的局限性，构建起“理论认知、实践验证、情感认同”的完整育人闭环，既强化了专业技能培养，又在实践中培育了学生的家国情怀，使其深刻理解农机事业在乡村振兴中的战略地位。

2. “双轨并行”厚植学生知农爱农情怀

江苏大学农业工程学院通过“双轨并行”培养机制，深化学生对农业的情感认同。一方面，建立“田间实训—项目实战—岗位实习”的三阶实践体系，让学生在农机检修、作物种植等实操中掌握现代农业知识技能，形成对农业生产规律的系统认知；另一方面，构建“农民为师、农情调研、乡村服务”的情感培育链，通过与新型职业农民结对学习、参与乡村振兴项目等方式，引导学生理解农业从业者的坚守与担当。这种“技能培养+情感浸润”的育人模式，不仅仅锻造了学生的专业能力，更使其在与土地、农民的深度互动中将职业认知升华为服务“三农”的使命自觉，成长为兼具专业素养与人文关怀的复合型农机人才。

三、续航工程：产教融合分类互助动态培养

1. 推广实施分类互助育人模式

江苏大学农业工程学院构建“三维动态培养体系”，推进分类互助育人

模式。该体系以“精准识别、分层培养、协同发展”为核心路径。首先，建立多维度评估模型，通过学业能力测评、职业倾向分析、实践技能认证三维度诊断，将学生划分为基础强化型、专业提升型、创新拔尖型三个培养层级；其次，实施“三导师制”培养机制，由专业导师制定个性化培养方案，行业导师提供实践指导，思政导师强化价值引领；最后，搭建资源共享平台，通过跨年级学习共同体、校企联合实训基地等载体实现优质教育资源的动态流转。这种模式突破了传统同质化培养的局限，形成“评估、培养、反馈”的闭环系统，既满足了学生差异化发展需求，又实现了教育资源的优化配置。

2. 调整优化辅导内容

江苏大学农业工程学院建立“产教融合双循环”机制优化辅导体系。正向循环以行业需求为导向，通过与农机企业共建产业学院、开展职业能力标准研究等方式，动态调整课程内容与教学方法；反向循环则以实践反馈为驱动，通过顶岗实习跟踪评估、毕业生职业发展调研等途径，形成教学内容的迭代更新机制。具体实施中推行“项目制教学”，将农机研发、智能装备应用等真实工程案例转化为教学素材；构建“工匠精神培育矩阵”，通过农机维修技能竞赛、田间课堂等载体，培养学生精益求精的职业素养。这种“需求导向、能力本位、持续改进”的培养模式，使教学内容始终与行业发展同频共振，确保培养的人才既具备扎实理论功底，又掌握现代农业生产一线的关键技术。

四、领航工程：耒耜传承打造涉农高校农机文化

1. 培育高校农机文化品牌

江苏大学农业工程学院构建“三维文化传承体系”，打造农机文化育人品牌。该体系以“物质载体、精神内核、实践转化”为实施路径。首先，通过江苏大学“强农兴农同心教育实践基地”的“一园（农机人同心逐梦园）、两馆（校史博物馆、中国农机文化展示馆）、一楼（耒耜大楼）、两中心（冷遹乡建思想研究中心、亚夫乡村发展研究中心）”，以实地、实物、实景展现自江苏大学建校以来厚重的知农爱农情怀和强农兴农的文化积淀，沉浸式场景再现农机技术发展脉络；其次，构建“田野四季主题活动”育人平台，依托江苏大学发起的农装大赛、耒耜会议等，广泛开展“田野大

练兵”实战交流育人，同时结合季节及物候变化，开展“二十四节气大使宣讲”“耕读文化节”“丰收节”等季节性活动，构建全年贯通的“专业、文化、实践”育人体系；最后，实施“耒耜精神培育计划”，组建师生知农爱农宣讲团，将传统农耕智慧与现代农机科技深度融合，通过文化标识系统、校史育人工程等载体强化价值引领。这种立体化文化育人模式，既传承了农机文化基因，又构建起“认知—认同—践行”的价值内化机制，使农机文化成为学生专业成长的精神坐标。

2. 营造浓厚的育人育才氛围

江苏大学农业工程学院构建“双轮驱动”文化浸润机制，营造育人环境。首先，搭建“实践育人平台”，以国际大学生智能农业装备创新大赛为核心，建立“农机技能竞赛矩阵”（涵盖智能装备操作、农机维修、创新设计等模块），通过“以赛促学、以赛促创”，提升学生实践能力；其次，打造“学术交流平台”，以耒耜国际会议为主体，实施“专家智库计划”，定期举办农机教育论坛、企业家“面对面”等活动，建立“行业导师、在校学生长效互动机制”；最后，构建“文化传播生态”，通过校园新媒体矩阵、农机文化社团等载体，将农机文化元素融入学生日常学习生活。这种“显性教育+隐性浸润”的育人模式，形成了“课堂教学—实践—体验、文化熏陶”的完整育人链条，使农机文化内化为学生的职业自觉与价值追求。

五、兴航工程：“良润精神”引领农机人才成长

1. 深化并实践“良润精神”内涵

江苏大学农业工程学院构建“三维培养体系”，深化“良润精神”培育。该体系以“价值塑造、能力培养、实践创新”为核心框架。首先，建立“责任担当培育矩阵”，通过农机田间作业安全责任认证、涉农项目风险评估实训等载体，强化学生对农机事业的使命感；其次，实施“团队协作能力提升计划”，构建“跨学科项目组+校企联合攻关队+导师制工作坊”三级实践平台，在智能农机研发、农业生产全流程管理等真实场景中培养学生协同创新能力；最后，打造“卓越品质锻造工程”，将农机操作精度标准、故障诊断效率指标等纳入学生能力评价体系，建立“周考核、月竞赛、年评优”的持续改进机制。这种立体化培养模式，使“良润精神”从抽象理念转化为可感知、可量化、可传承的行为准则，实现了工匠精神培育与

专业能力提升的深度融合。

2. “四阶驱动”引导学生自我成长

江苏大学农业工程学院构建“四阶成长路径”，推动学生自主发展。第一阶段，通过“认知觉醒”课程，运用案例教学、生涯访谈等方式，帮助学生建立职业理想、自我认知、发展规划间的逻辑关联；第二阶段，实施“责任认领”计划，将农机维护保养、田间试验管理等任务分解为学生可自主承担的责任单元，建立“目标设定—过程监控—成果评价”的闭环管理机制；第三阶段，搭建“创新孵化”平台，依托农机创客空间、大学生科研基金等资源，支持学生自主申报“小发明、小创造、小革新”项目；第四阶段，开展“职业领航”行动，组织学生参与行业峰会、在企业挂职等，形成“行业认知—岗位体验—职业决策”的自主发展链条。这种“认知—责任—创新—职业”的递进式培养模式，既符合学生自我教育的内在规律，又与“五航”育人体系形成有机衔接，最终使学生实现从“被动接受”到“主动发展”的质的飞跃，为培养“知农、爱农、强农、兴农”的新时代农机人才提供了可持续的动力机制。

第四节　跨单位农业合作项目攻关援疆临时党支部的作用

在当前国家大力推进“农业强国”战略和乡村振兴战略的背景下，跨单位农业合作项目在促进区域经济发展和农业现代化进程中扮演着至关重要的角色。新时代背景下，党中央高度重视新疆工作，将援疆工作作为一项重大政治任务。本节聚焦跨单位农业合作项目攻关援疆临时党支部在项目实施中的关键作用与实践探索，通过对临时党支部在政治引领、组织协调、文化融合和人才培养等方面作用的深入分析，揭示了党建工作对确保项目顺利进行、提升合作效率和促进民族团结的积极影响。

一、援疆临时党支部的政治引领作用

1. 确保项目方向与国家战略相一致

临时党支部在跨单位农业合作项目中扮演着政治引领的角色，其核心

任务是确保项目目标与国家的“农业强国”战略和乡村振兴战略紧密结合。临时党支部通过组织专题学习会、研讨会等形式，深入解读国家政策，引导项目团队明确发展方向，确保项目在促进区域农业发展和边疆稳定中发挥积极作用。临时党支部还负责监督项目实施过程中的政治纪律，确保所有决策和行动都符合党的方针政策，为项目的顺利进行提供坚强的政治保障。

2. 加强党的领导，提供政治保障

在跨单位合作的复杂环境中，临时党支部能够强化党的领导，确保项目在政治上的稳定性和正确性。临时党支部通过建立决策咨询机制，为项目提供政治指导，解决合作中的重大问题，确保项目在党的领导下稳步推进。临时党支部还负责维护项目团队的政治生态，通过强化党性教育，提高团队成员的政治觉悟，确保项目团队在思想上同党中央保持高度一致。

3. 组织学习党的方针政策，增强政治意识

临时党支部定期组织项目成员学习党的最新理论成果和政策动态，特别是关于农业现代化和民族地区发展的政策，旨在提升团队的政治素养，增强团队成员的政治责任感和使命感，确保项目在正确政治导向下顺利推进。临时党支部还通过实践活动，如实地考察、案例分析等，使团队成员能够将理论知识与实际工作相结合，提高政治判断力和执行力。

二、援疆临时党支部的组织协调作用

1. 建立有效的沟通机制，确保信息畅通

在跨单位合作项目中，信息的畅通是确保项目顺利进行的关键。临时党支部负责建立和维护一个高效的沟通平台，通过定期协调会议、工作简报等方式，确保项目信息在各参与单位间及时、准确地传递。临时党支部还负责协调各方意见，解决合作中的分歧，推动项目高效运作。通过这些措施，临时党支部确保了项目团队能够形成共识，共同推进项目目标的实现。

2. 协调资源，解决跨单位合作中的实际问题

资源的有效配置是项目成功的关键因素，临时党支部在资源协调方面发挥着重要作用，通过合理调配人力、物力、财力等资源，确保项目需求得到满足。面对合作中难题，临时党支部积极协调，寻求最佳解决方案，

保障项目顺利进行。临时党支部还通过建立激励机制，激发团队成员的积极性，提高资源利用效率，确保项目目标得以实现，促进新疆农业的技术进步和产业升级。

3. 提高项目执行效率，促进项目顺利进行

临时党支部通过优化项目管理流程，强化团队执行力，确保项目按计划推进。在项目实施过程中，临时党支部及时解决执行问题，提高团队工作效率。临时党支部还通过建立监督机制，确保项目按照既定目标和时间节点推进，防止项目出现偏差。通过这些措施，临时党支部不仅提高了项目的执行效率，也为项目的顺利完成提供了坚实保障。

三、援疆临时党支部的文化融合作用

1. 开展多样活动，促进不同单位间的文化交流

临时党支部通过组织丰富多彩的活动，如联合培训、团队建设、文化交流等，促进不同单位成员之间的相互了解和尊重。这些活动有助于打破单位间的隔阂，建立共同的团队文化，增强项目的凝聚力。临时党支部还鼓励团队成员分享各自的文化背景和工作经验，通过交流学习，促进团队成员之间的相互理解和支持。

2. 弘扬社会主义核心价值观，提升团队凝聚力

临时党支部在项目中积极传播社会主义核心价值观，引导团队成员树立正确的价值观，并通过开展志愿服务、社区参与等实践活动，增强团队的凝聚力。临时党支部还通过树立典型、表彰先进，激励团队成员以实际行动践行社会主义核心价值观，为项目的顺利实施贡献力量。

3. 营造和谐合作氛围，增进相互了解

临时党支部致力于营造一个开放、包容、和谐的工作环境，鼓励团队成员之间的沟通与合作。临时党支部还通过解决团队内部矛盾，协调团队成员之间的关系，确保团队在和谐稳定的环境中高效工作。

四、援疆临时党支部的人才培养作用

1. 在项目实践中培养专业技能和综合素质

临时党支部注重在项目实施过程中通过实践锻炼的方式提升团队成员

的专业技能和解决实际问题的能力。临时党支部制订培训计划，鼓励成员参与专业研讨，通过实践学习，提高团队的整体素质。临时党支部还通过项目中的挑战和机遇，培养团队成员的创新思维和领导力，为团队的长远发展储备人才。

2. 设立党员示范岗，激发党员积极性

临时党支部通过设立党员示范岗，让党员在项目中发挥先锋模范作用。党员在项目中的优秀表现，激励其他成员积极参与，形成良好的工作氛围，提高团队的整体工作热情和效率。临时党支部还通过表彰优秀党员，树立典型，进一步激发党员的积极性和创造性，确保党员在项目中发挥关键作用。

3. 通过业务实践提升党建工作质量

临时党支部将党建工作与业务实践紧密结合，以项目成果检验党建工作成效。临时党支部不断总结党建工作经验，优化工作方法，提升工作质量，确保党建工作在推动项目成功中发挥关键作用。临时党支部还通过项目实践，培养党员的责任感和使命感，使党建工作成为推动项目发展的强大动力。

第五节　跨单位农业合作项目攻关援疆临时党支部的实践

一、构建党建引领下的项目管理体系

1. 明确党建工作在项目管理体系中的地位和作用

临时党支部在项目管理体系中占据核心地位，负责确保项目决策和执行过程中党的领导和党的建设工作得到充分体现和落实。临时党支部通过制订党建工作计划，明确党建工作的目标、任务和责任，将党建工作融入项目的整体规划，确保党建工作与项目目标同步推进。临时党支部还通过设立党建工作领导小组，明确各成员的职责，形成党建工作与项目管理的有效衔接，确保党建工作在项目中的实效性。

2. 将党建工作与项目目标紧密结合

临时党支部将党建工作与项目的具体目标紧密结合，确保党建工作服

务于项目的实际需求。临时党支部通过参与项目规划，将党的理念和政策融入项目实施的各个环节，推动项目在促进农业现代化建设、提升农业科技应用水平、增强农业可持续发展动力等方面取得实效。同时，临时党支部还注重在项目实施中培养党员的责任感和使命感，激发党员在项目中的先锋模范作用。

3. 确保党建工作在项目中的实效性

为了确保党建工作在项日中的实效性，临时党支部采取了一系列措施。首先，临时党支部定期组织党员进行政治学习，提高党员的政治素养和理论水平。其次，临时党支部通过设立党员示范岗，鼓励党员在项目中发挥带头作用、解决技术难题，提升团队的整体执行力。最后，临时党支部通过建立党建工作考核机制，对党员的工作表现进行评价，确保党建工作与项目成果相挂钩，形成有效的激励和约束机制。

二、创新教师党建工作方式方法

1. 开展"党建+项目"模式，同步推进党建与项目实施

临时党支部积极探索"党建+项目"的新模式，将党建工作与项目实施同步推进。临时党支部通过组织党员参与项目的关键环节，如技术研发、市场调研、产品推广等，使党建工作成为推动项目发展的重要力量。同时，临时党支部还通过开展"党员创新工作室"等活动，鼓励党员在项目中提出创新思路、解决实际问题，提升项目的科技含量和市场竞争力。

2. 根据项目特点，创新党建工作方式

临时党支部根据项目的特点和需求，创新党建工作的方式。例如，针对农业项目的季节性和地域性特点，临时党支部采取灵活多样的学习方式，如线上学习、现场教学等，确保党员教育不断线。临时党支部还结合项目的实际进展，开展有针对性的党建活动，如"党员技术攻关小组""党员服务队"等，使党建工作更加贴近项目实际，提高党建工作的针对性和有效性。

3. 确保党建工作在项目中的实效性和创新性

为了确保党建工作的实效性和创新性，临时党支部不断总结经验，探索新的工作方法。临时党支部通过建立党建工作与项目成果的联动机制，将党建工作的成效与项目目标的实现紧密联系起来。临时党支部还鼓励党

员在工作中发挥创新精神，不断尝试新的工作方法，如利用现代信息技术提高党建工作的效率，通过党建活动提升团队的凝聚力和战斗力，确保党建工作在项目中的持续创新和发展。

三、强化临时党支部党员先锋模范作用

1. 增强责任意识，发挥先锋模范作用

临时党支部高度重视党员在项目攻关中的先锋模范作用，通过设立党员责任区等，明确党员在项目中的具体职责。临时党支部还通过组织党员参与项目的关键技术攻关，鼓励党员在解决技术难题、提高生产效率等方面发挥带头作用。同时，临时党支部还通过表彰先进、树立典型，激励党员在项目中积极作为，为团队树立榜样。

2. 设立党员示范岗，提升党员责任感

临时党支部在项目中设立党员示范岗，让党员在项目的关键岗位上发挥作用，通过实际行动展示党员的先进性。临时党支部通过定期评估党员在示范岗上的表现，对表现优秀的党员给予表彰和奖励，以此提升党员的责任感和荣誉感。临时党支部还通过示范岗的设立，促进党员之间的相互学习、相互竞争，形成良好的工作氛围。

3. 通过党员的示范效应，带动团队整体进步

临时党支部通过党员的示范效应，带动整个团队的进步。临时党支部鼓励党员在工作中发挥模范带头作用，通过分享经验、传授技能，帮助其他团队成员提升业务水平。临时党支部还通过组织党员参与团队建设活动，增强团队的凝聚力和协作精神，使团队在党员的带领下形成积极向上、勇于创新的良好风气。

四、深化党建工作与业务工作融合

1. 将党建工作与业务工作深度融合

临时党支部致力于将党建工作与业务工作深度融合，确保党建工作在推动项目发展中发挥实质性作用。临时党支部通过参与项目决策，将党的理念和政策融入项目实施的全过程。临时党支部还通过建立党建与业务工作的联动机制，确保党建工作与业务目标相一致，形成党建与业务的工作合力。

2. 通过党建活动促进业务发展

临时党支部通过开展形式多样的党建活动，如“党员技术攻关”“党员服务日”等，将党建工作与业务发展紧密结合。临时党支部鼓励党员在业务工作中发挥先锋模范作用，通过解决实际问题，提升业务水平，推动项目取得更好的经济效益。同时，临时党支部还通过党建活动，增强团队的凝聚力和战斗力，为项目的顺利实施提供坚实保障。

3. 实现党建与业务的双赢，提升项目整体效益

临时党支部通过深化党建与业务的融合，实现了党建工作与业务发展的双赢；通过提升党建工作水平，增强了团队的凝聚力，提升了团队的执行力，为项目的顺利实施提供了坚强的政治保障。临时党支部还通过业务工作的成效检验党建工作的成果，提升了项目的整体效益。

第六节　聚焦援疆合作项目临时党支部服务合作项目与实践

党的十九大报告指出要推进党的基层组织设置和活动方式创新，全国高校思想政治工作会议也强调建立健全高校基层党组织的重要性。在援疆农业合作项目中，研究生长期外出实践，这使党组织将育人要素潜移默化融入日常组织生活、开展针对性教育等的育人效果受到影响。因此，在参与援疆项目的研究生中建立临时党支部既是加强党建工作的举措，又是围绕国家发展需求与社会发展需要推动研究生人才培养和思想政治教育的重要尝试。

一、契合援疆特色，因地制宜建设临时党支部

针对目前援疆农业合作项目的研究生培养面临的难点，基于农业工程学科特点和新农科人才培养目标，依据“三课一会”制度，临时党支部将组织生活的“术”与“道”有机结合，充分发挥临时党支部的战斗堡垒作用，将价值教育融入研究生培养。

1. 定位主体特点，推进组织建设

临时党支部应因地制宜进行设立，摸排援疆农业合作项目中研究生党

员数量及基本情况，做好研究生党员的动员工作，立足于党的制度建设，坚持灵活性和原则性相统一，确保做到组织设置合理、职能定位明晰、结构优化调整及时，不断丰富临时党支部发挥作用的形式，加快推进党的组织和党的指导全覆盖。

激励研究生党员竞选临时党支部委员，提高综合素质，动员党员率先垂范、尽其所能，结合临时党支部的建设制度，确保临时党支部在成立之初就较为成熟。充分发挥研究生党员群体作用，不仅为所学与援疆农业合作项目结合提供了实践运用环节，还利于研究生管理。

2. 领会战略部署，明确重大责任

临时党支部结合习近平总书记在新疆考察时的重要讲话精神，将“依法治疆、团结稳疆、文化润疆、富民兴疆、长期建疆”、社会主义核心价值观和中华优秀传统文化教育融入农业合作项目对研究生党员的培养，整体规划项目研究目标。农业合作援疆不仅仅是研究生教育及科研强国的一部分，更是民族交往、交流、交融的过程。故在项目研究过程中，在提升研究生党员科研水平的同时，应融入科研道德教育和民族交融教育内容，提高科学道德和学风建设水平，激发研究生对民族融合的认同感和投身祖国农业发展的内生动力。

二、发挥核心作用，因材施教培养新农科人才

临时党支部处于基层治理的核心地位，应当充分发挥核心作用，切实担负起“五位一体”总体布局和“四个全面”战略布局的责任。这首先对研究生党员先进性培育提出了新要求。

1. 创新党建载体，提升育人成效

临时党支部是党的基层组织，若要充分发挥党总揽全局、协调各方的领导核心作用，就要充分发挥临时党支部在思想引领、凝聚成员、推动价值塑造等方面的优势。临时党支部应本着“应建尽建”的原则，推进制度化和规范化建设，推动实践层面的体制探索创新。凭借主题活动，让党员追寻党的历史足迹，巩固理想信念的基石；通过集中学习时政热点，强化党员身份认同；在朋辈学术交流中碰撞思想火花；通过各类制度资源，将思政工作落实到援疆项目中养研究生的各环节之中。援疆农业合作项目中的党建活动须紧密围绕党的教育方针，以活动为支点，突出党建活动的人

本性和有效性，在活动开展中紧贴时代形势与新疆农业实际情况，为研究生个人个性发展创造条件，促使广大党员以更大的热情投身学习，拓宽党员教育的空间。

2. 培育先进思想，构建学习方式

在临时党支部给予的可靠组织保障之下，研究生党员也应积极进行理论学习，主动学习时政知识，接受党的先进思想洗礼，主动用先进思想改造头脑、用先进理论武装自身，增强“四个意识”。临时党支部要以新疆农业发展状况和面临的挑战为问题导向，构建线上自学、线下共学、实践促学有机统一的先进学习方式，使新农科人才形成先进的思想意识。

3. 塑造先进品格，思想驱动科研

《中庸》中说：“君子，不可以不修身。”研究生党员的先进性主要体现在其思想水平上，其思想水平决定着其行为方式和责任意识。党员最重要的政治品格是对党忠诚，它作为内在动力与生命源泉，不断驱动着党员在新时代道路上砥砺前行。党员应保持清正廉洁的政治本色，终身增强党性修养；要立足实践，勇于担当与自我革命，这是不断推进党的建设伟大工程的精神支撑。临时党支部以先进人格驱动研究生党员自我学习，坚守科学道德，遵循客观规律，恪守纪律底线，努力提高政治站位，坚持以问题为导向，从而加强党的组织体系建设。在援疆项目中，临时党支部从新疆农业发展问题出发，组织研究生党员参加实践调研活动，寻找现有难点，拆解成科学问题，保持科研精神，不断学习研究，攻坚克难，并且将理论转化为实际应用，指导农民实施科学农业生产，推动援疆农业合作项目向高质量发展。

三、整合多元资源，构建校、企、疆联动育人机制

加强研究生党建育人工作是新时代高校加强党的建设的内在要求和落实立德树人的根本任务的重要体现。目前，校企协同培养研究生不仅是产教融合育人的新模式，还关乎研究生个人能力、企业自主创新能力、高校研究生教育成效以及行业未来的发展。在援疆背景下，必须充分认识加强校、企、疆合作，协同培养研究生对推进农业合作项目的重要性和迫切性。

1. 加强“科产教融合”，完善校、企、疆联动的顶层设计

不少学校的校企合作基于学校教师与企业专家点对点的项目，学校和

企业受自我利益驱动，各自开展工作，难以构建校企合作的多赢互利机制。要在援疆农业合作项目中实现研究生高质量培养，必须将相关育人力量有机统筹起来，充分挖掘现有教育教学资源，依托临时党支部，对高校、研究机构、从事新疆农业相关工作的单位和企业等资源力量进行全面优化整合，构建校、企、疆三方联动的顶层设计，深化“科产教融合”育人机制改革，促进优势学科与重大项目对接。临时党支部要以新疆农业现有问题为导向、以项目合作为纽带培养研究生，发挥彼此优势，实现三方高质量共同发展，培养知农爱农、强农兴农、德才兼备的高素质人才。

2. 融合“多元”要素，构建多维度的育人共同体

课堂教育是理论学习的主要渠道。“党建”的“第一课堂”重在培养研究生的文化自信，以党建促学术，提升其自我学习能力，加强科研人员学术交流。“第二课堂”强调“学问”，将党建的思政教育融入高校的理论知识教学中。学生通过导师教学、自己查阅资料、与同行交流的方式拓宽知识领域，提升思维水平和解决问题的能力。“第三课堂”立足于“实践”，临时党支部以专职人员对研究生培养基地进行日常管理，以新疆农业发展存在的问题为导向，将理论和培养基地的实践相结合，扎实推进实践育人，使研究生通过项目合作和实践提高科研水平和成果转化能力。

临时党支部通过三个课堂推动形成“科技创新—成果转化—促进发展—持续获利”的合作机制，增强校、企、疆三方之间的认同感与归属感。进一步建立长期联合攻关目标，从不同角度进行科学探索，营造推动科研创新的良好生态环境，使校、企、疆三方形成育人共同体，在人才培养的道路上携手同行。

3. 精细管理体制，完善“组团式”实践育人模式

健全的管理制度可以规范和激励导师和研究生专心工作，监督考核机制能够保障管理制度被有效执行。高校教育本质是培养高质量科研人才，这关乎国家各行业的可持续发展，因此对援疆合作中的研究生应进行党、校、企的组团式培养。但因援疆合作中的大多数导师处于高校之中，多以线上方式对学生进行培养，可以从以下几个方面进一步完善管理体制和监督考核机制。

首先，高校需要加强党建基层基础工作，建立健全研究生培养体系，将思想政治教育融于“以工强农、以融兴农”的办学特色之中，以特色党建统筹规划，将思想教育与科研实践相结合，提高研究生思想水平，充分

发挥党员先锋模范作用，促进研究生学术水平提升。

其次，高校和新疆合作单位需要完善管理体制，实行援疆科研双导师制的精细化管理，尝试采用“双向选择”的方式，为不同层次的研究生配备合适的科研导师。同时，对科研导师带教内容进行拓展，将对研究生课题的全程监督指导纳入导师的年度考核之中。

最后，制度约束只是基本要求，激励人才是最终要求。项目组也应建立科研激励举措，激发研究生科研热情，从而为研究生思想政治和科研能力的培养提供另一层保障。

第七章　“双带头人”工作室党支部成员产教融合与实践

第一节　产教融合在高校教师基层党支部中的作用

农业工程学科是江苏大学省级优势学科，且被列入教育部“优势特色优先发展学科”。农机专业是农业工程学科的重要组成部分，然而该专业学生转专业的比例较高，毕业后从事涉农行业的人数较少，部分涉农就业学生难以得到企业认可。虽然我校将产业与教学密切结合，采用“产教融合”“校企合作”“联合办学”等模式，但在目前产教融合的大背景下，农机专业人才培养中仍面临着专业认可度不高、学用实践不匹配、人才供需不平衡等问题。因此，开展对接农机产业需求的本科应用型人才培养模式研究，对践行习近平总书记给全国涉农高校的书记校长和专家代表的回信精神，以及习近平总书记给我校的批示精神具有重要意义。

一、优化体制机制建设，厘清“科产教融合”联合培养模式

江苏大学坚持以习近平新时代中国特色社会主义思想为指导，深入贯彻落实全国和全省研究生教育会议精神，以提升研究生教育质量为目标，围绕“立德树人、服务需求、提高质量、追求卓越”的工作主线，走内涵式发展之路，紧密结合国家重大战略和发展需求，打造“科产教融合”新范式，聚焦创新型高层次人才培养，为区域、行业产业转型升级和创新发展提供强有力的支撑与保障。

学校秉承“科教融合+产教融合”的人才培养理念，打造“校内导师+校外导师”全员育人、“课程教学+基地科研+社会服务”全方位育人、“知识传授+联合攻关+创新实践+素质提升”全过程育人的联合培养平台，整合人才培养和科技优势，研究生院与科技处技术转移分中心协同，推进“创新联合体+研究生联合培养基地”科产教深度融合，打造“政校企所”协同、“学研创用”互促的研究生联合培养模式，培养具有家国情怀、江大精神、国际视野、创新意识和实践能力的高层次复合型精英人才。

强化顶层设计，构建以研究生为主体、以高校和基地为抓手的“一体两翼”联合培养工作格局。以“双向投入”为驱动，健全“校地共担”的

制度保障，在此基础上明确“基地出卷—高校答卷—人才输送—联合研发”的工作总思路，真正实现人才共育、成果共享、合作共赢。江苏大学出台了《江苏大学研究生联合培养基地建设与管理实施办法》等5项规章制度，明确各主体之间的责、权、利，建立协同管理机制。同时，江苏大学作为江苏省产学研合作培养专业委员会主任委员单位，整合凝练各高校产学研合作培养工作的亮点做法，紧扣研究生教育质量，遵循人才培养规律，推动科教融合、产教融合，加快构建现代化研究生教育体系，为我省科产教研究生联合培养建章立制提供实践依据。

二、推进“095工程”，打造“名企大院”联合培养育人平台

学校进一步落实习近平总书记给全国涉农高校的书记校长和专家代表的回信精神，以及对江苏大学重要批示精神，明确了创建农机特色一流大学的办学思路，先后部署了新工科、新农科融合建设和“095工程”行动计划，依托校内外人才、科技与平台等优势，打造研究生“科产教融合”协同育人新范式。同地方政府、国内外大型农机龙头企业、国内外高校院所、国内国际农机行业组织等合作布局建设一批新的重大项目，全面融入农机装备国家创新体系和产业体系，努力解决一批“卡脖子”技术，大力提升我国农机装备领域关键核心技术研发能力，努力为推进农业现代化做出新贡献。先后与江苏沃得农业机械股份有限公司（以下简称沃得农机）、苏州久富农业机械有限公司等一大批农机龙头企业共建研究生工作站；同徐州工程机械集团有限公司签署了全面战略合作协议。

目前，学校共建成省级研究生工作站583家、校级研究生实践基地817家，每年累计输送2000余名研究生进驻基地，参与工程实践与技术研发。近年来，学校获评“江苏省优秀研究生工作站”38家，“全国工程专业学位研究生联合培养示范基地”2家，全国“做出突出贡献的工程硕士学位获得者”2人，全国“工程硕士实习实践优秀成果获得者”3人，数量均位列全省前列。

此外，学校整合农机领域“名企大院”的社会资源，先行先试开展研究生联合培养，拓宽研究生“科产教融合”的渠道，创新融合方式，提高培养质量。近两年，学校先后与中国一拖集团有限公司、国家农机装备创新中心共建“洛阳研究生联合培养基地”；与江苏省农业科学院、南京农机

化研究所等共建“南京研究生联合培养基地”；与北京农业信息技术研究中心、北京农业智能装备技术研究中心、中国农业机械化科学研究院等共建“北京研究生联合培养基地”；与江苏省产业技术研究院、苏州市相城区人民政府共建“江苏大学苏州集萃研究生联合培养基地”。目前，在院联合培养研究生已超200人，多项“国字头”课题得以共同研究，多个奖项得以共同申报，百余篇高水平论文得以发表，多项专利得以申请，合作成效初步显现。

三、聚集多方资源，构建“校内+校外”协同育人机制

学校出台《江苏大学产业（行业）导师参与研究生教育活动实施细则》，深入落实研究生联合培养的双导师制，打造“校内+校外”协同育人师资力量，建立健全联合指导机制，促进教育链、人才链与产业链、创新链有机衔接。

1. 校内外导师联合，全链条指导研究生

学校以“项目制”为导向，采用“课程学习+专业实践+论文开题+科研创新+学位论文”的全链条双导师协同培养方式。在传统单一校内导师指导的基础上，重点发挥校外导师贴近生产一线的丰富经验，共同参与专业与实训平台建设、人才培养方案制定、教材开发、教学改革、指导或联合指导研究生以及实践课程的建设和教学工作。同时，举办“产业教授进校园”品牌活动，邀请产业教授为相关学科的研究生开展讲座，与校内导师洽谈项目，共同推进产学研合作。

2. 开设实践课程，将实践指导环节前移

学校邀请生产一线的企（行）业专家与校内导师联合开展专业课程的教学设计、教材编写和课堂教学，构建“校企合作”的多元化教学团队，不断提高核心课程的挑战度和含金量，促进企业需求融入课程改革，逐步形成了理论知识与实践能力并重的高水平的专业核心课程群。

另外，学校依托产学研一体化运行的机电总厂，开设企业生产实践课，由企业专家担任任课教师，讲授涵盖企业导向、生产管理、启发研讨和技能提升4个模块，根据不同的专业领域进行个性化设定，搭建角色转换的校企桥梁，实现专业学位研究生从学校到企业的无缝对接。

四、推进趋同化管理，组建质量过硬的基地导师队伍

学校进一步深化专业学位研究生教育综合改革工作，着力打造质量过硬的基地导师队伍，推进基地导师与校内导师趋同化管理，完善培训交流机制、考核评价机制、表彰奖励机制和责任追究机制。目前学校已聘任 103 位江苏省产业教授、1553 名校外实践指导教师，其中 15 位获评省优秀产业教授。

1. 严格“遴选+考核”，过程同管理

根据省校相关文件，学院严格把控专业教授和校外实践指导教师的遴选、聘任、管理、监督、考核环节。由学科牵头，通过对实践导师进行遴选和资格认定，聘任有一定实力的校外专（兼）职研究生指导教师联合指导研究生，与企业签订联合培养研究生协议，商定高校导师和实践导师的权利与义务，确保合作培养取得成效与可持续发展。根据相应协议和考核办法，打破基地导师“终身制”，依托信息化平台，对联合培养基地和分院校外导师指导情况进行过程管理与考核，动态掌握培养质量情况。

2. 拓宽“对接+培训”，内涵同发展

学校与科技处协同开展产学研合作培养工作。打通“项目对接+人才培养”的联合培养链条，定期共同组织研究生联合培养项目需求对接会，以“项目制”构建长效合作机制，着力发挥桥梁作用。实施“基地+技术转移中心”联合运营计划，分批次分片区开展形式多样的校外导师上岗培训，邀请校内教授、督导、管理人员走出学校，为校外实践指导教师和校外专（兼）职教师就立德树人、科学研究、培养环节等方面开展系统培训。

3. 开展“评价+激励”，机制同建立

学校积极开展联合培养研究生座谈会，广泛听取研究生对导师评聘、考核制度、导师指导的意见建议；要求研究生在接受联合培养后，在系统中对导师进行有效的评价反馈，做出客观公正的评判，从而完善校外导师制评价制度。优化绩效考核与评优机制，对优秀校外导师进行表彰和奖励，注重激发其积极性与主动性。

第二节　“双带头人”党支部知农爱农产教融合的机制

一、“双带头人”党支部产教融合的背景

1. 涉农专业学生就业观现状

涉农专业学生毕业后不愿从事涉农工作可能与其就业观念有关。部分学生可能对涉农工作的认知有偏差，认为农业领域缺乏发展机会，这导致他们更倾向于选择其他行业。这一观念可能与时下社会对高科技和新兴产业的热议有关，使得涉农工作在学生心目中显得相对边缘。

为了改变这一现象，各方有必要加强涉农工作的宣传教育，强调农业领域的潜力与发展前景。通过开展行业交流、企业参观等活动，让学生更全面地了解涉农工作的实际情况，认识到农业领域同样充满着机遇和挑战。同时，学校和涉农专业相关部门可与企业建立更紧密的合作关系，提供更多实习和就业机会，让学生亲身体验农业工作的丰富多彩与实际意义。这些努力有望逐渐改变学生的就业观念，使更多涉农专业毕业生认识到涉农工作的重要性，并愿意为农业事业贡献自己的专业知识和技能。这样的转变将有助于缩小涉农工作与学生期望之间的认知差距，促进涉农领域的人才培养与需求的更好匹配。

2. 社会地位对行业就业的影响

认为涉农工作的社会地位“相对较低”是涉农专业学生不愿涉足农业领域的原因之一。社会普遍对一些高科技产业的追求，使得学生更倾向于选择看似拥有更高社会地位的职业。这种社会地位的认知偏见可能导致涉农工作在学生心目中显得较为边缘化，相比之下，高科技行业似乎更为令人向往。

涉农工作并非仅限于传统的农耕与畜牧，现代农业涵盖了高科技、智能化的方方面面，涉及先进的农机技术、数字农业等领域。强调这些现代农业的潜力，可以改变学生对农业工作的传统印象，使其更全面地了解并认同农业领域的社会地位与价值。同时，政府、企业和学校等各方面应共同努力提高涉农工作的社会认可度，通过政策支持、人才培训与引导，使涉农工作的社会地位与其实际贡献相匹配。这样的综合努力有望改变学生

的观念，使更多人认识到涉农工作的重要性，进而愿意投身于这个充满发展潜力与社会价值的领域。

为了从根源上解决涉农专业学生毕业不愿从事涉农工作的问题，高校可以通过加强职业规划辅导，帮助学生更全面地了解不同行业的发展前景和就业机会，以减少其对农业领域的误解。同时，高校可以通过加强社会宣传，改变涉农工作的社会形象，提升其社会地位，强调农业在国家经济中的重要地位，提升涉农工作的社会认同感。此外，高校还可以邀请涉农领域成功从业者作为行业榜样，分享其在农业领域取得的成就，激发学生对农业工作的兴趣。

二、建立党支部“知农爱农”产教融合实践教育体系

1. 增加实践机会，提升实际操作技能

高校可以通过引入先进的农机设备和技术，搭建模拟实验场地，使学生在实际操作中熟练掌握农机的使用和维护。这样的实际操作训练能够帮助学生更好地理解理论知识，加深对农业生产过程的认识。高校还可以组织学生参与真实的农业实践，如田野考察、农场实习等。学生通过亲身参与农业活动，可以更直观地感受到农业工作的辛苦和复杂性，从而形成对农业事业的真实理解和尊重。高校还可以加强与农业企业的合作，为学生提供更多实习机会，让学生接触到最新的农业技术和管理经验。这种与实际紧密结合的教学模式不仅有助于学生提前适应农业工作环境，还培养了他们解决实际问题的能力，有助于其未来的职业发展。

2. 创新实践机制，提高解决问题能力

为培养涉农专业学生实际解决问题的能力并提升其综合素质，高校可以举办创新性实践项目，引导学生积极参与。这种项目旨在让学生在真实场景中运用所学知识，既能提高其解决问题的能力，又能增强涉农工作对学生的吸引力。这些实践项目可以涵盖从农业生产到农机技术的多个领域，例如设计智能化农机、优化农业生产流程等。学生通过团队合作，将不仅仅在理论上掌握相关知识，更能在实际操作中应用所学。这不仅能为学生提供一个独特的学习机会，还能激发学生对涉农工作的实际兴趣。通过这些创新性实践项目，学生将直面真实的挑战，培养自身解决问题的能力和创新精神。这种参与式的学习模式能够帮助学生更深刻地理解农业工作的

复杂性，为学生提供更广泛的学科体验，培养其实际动手能力和团队协作精神，从而使他们更好地迎接未来涉农工作的挑战。同时，项目的实践性和创新性也为毕业生的综合素质提升提供了有力的支持，让毕业生更具竞争力，更容易融入农业行业的发展潮流。

通过教学改革，高校可以加强涉农专业的实际操作技能培养，使学生在学习期间就能够熟悉农业实际工作，提升学生在农业领域的实际能力，增强学生对涉农工作的信心，为其毕业后顺利进入农业领域就业奠定更为坚实的基础。这样的培养模式将更好地满足农业行业对高素质人才的需求。以上改革措施有望逐步改变涉农专业学生的就业倾向，使其更愿意投身于涉农行业，为农业强国的建设贡献人才和力量。

第三节　农业工程学院新农科研究生的产教融合培养方案

一、涉农企业的用人需求及期望

我国农业机械专业的人才培养体系与模式已明显滞后于高速发展的现代农业装备制造行业，人才培养难以适应新农科多元化发展的新要求。2019年启动的以“新农科研究与改革实践项目”为主的一系列新农科建设工作，总体趋势是：推动新农科建设一年成形，发生农林高校基本面的改变；十年结硕果，形成农林教育的中国方案、中国理论、中国范式，百年成势：形成农林教育基本格局的变革。

新农科人才从事的专业岗位不同，要求具备的基本素质和专业技能也不相同。例如，农科研发人才要有文献和信息的检索及洞察能力、科学实验规划能力、严谨的科学态度、独到的创新思维能力；农业管理人才要有良好的心理素质、顶层设计能力、组织协调能力、非权力影响能力；农科创业人才和科技生产、服务、推广人才要有良好的身体素质，以及发现项目的观察能力、身体力行的执行能力和不怕挫败的坚持能力。但是，在新农科背景下，无论什么类型人才，无论将来从事什么创业项目（如从事策划、研发、推广、生产类工作，或从事服务、管理、营销、融合类工作），都必须具备且最为重要的能力只有一个，那就是创新能力。新农科人才应该具备的创新能力主要由以下四个因素构成：

（1）拥有广博的新农科基础知识+人文修养+专业知识技能。

（2）创新人格——主体独立性突出，具有强烈的创新意识和创新精神。

（3）创新思维——掌握创新思维方法，形成创新性解决问题的思维方式。

（4）坚韧探索——具备持之以恒的探索精神和开拓能力。

学校根据《中国教育现代化2035》和《江苏教育现代化2035》有关教育教学改革的总体部署，结合江苏大学实际情况，选择具有较高理论与实践价值、富有创新性、致力于研究和解决创新人才培养中面临的关键问题的项目，重点在人才培养体制、模式、途径、方法和评价等方面进行突破。

因此，新农科人才培育需提高站位，以知促行，切实增强做好“三全育人”综合改革试点工作的政治自觉、思想自觉、行动自觉，强化责任担当；需要以行践知，深入推动“三全育人”综合改革试点工作见常态、出实效。高端农业装备被列入《中国制造2025》规划重点发展领域，迫切需要大量创新型工程技术人才。

首先，针对以农机为代表的涉农专业存在的优秀生源少、调剂志愿多，以及毕业生面向生产一线、服务基层少的现象，探索其不能更好地为国家“三农”战略服务的原因。其次，针对人才培养体系分散、专业交叉融合少、知识面窄、新兴技术体现不充分的现状，对农机与农艺融合度低、学生的知识结构及工程实践能力与生产一线的要求存在较大差距的现状加深认知。再其次，针对课程设置数量多、内容散、衔接性差，以及新知识、新技术进入课程体系慢等问题，对教学内容进行整合与更新，推广与实施新的教学理念与方法。最后，针对涉农专业国际化办学程度低的问题，学习国外先进的教育理念、办学思路、教育质量认证体系与标准，不断提高涉农专业的办学质量与水平。

二、新农科农机产业存在的问题

根据2023年中国农业机械行业现状分析可知，中国农业机械行业市场规模由2018年的4286亿元增长至2023年的5611亿元，年均复合增长率达8.4%。为全面贯彻党的二十大精神，深入贯彻落实习近平总书记给全国涉农高校的书记校长和专家代表重要回信精神，面向新农业、新乡村、新农民、新生态，加快新农科建设，推进高等农林教育创新发展，更好地支撑服务农业强国建设。江苏大学作为全国首批88所重点大学之一，其农业工程学科承担着培育国家急需的一流新农科创新人才的重要使命。学校以习近平新时代中国特色社会主义思想为指导，以习近平总书记对江苏大学重要批示为根本遵循，以“大力推进农业机械化、智能化”为使命担当，通过深化产教融合机制、加强跨学科专业建设、打造高素质“双师型”教师队伍、构建校企共建实习实训平台、推进大学生创新创业教育，形成产学深度合作的新型人才培养模式，为现代农机产业提供人才与科技支撑。

“产教融合”“校企合作”“联合办学”等模式是当前应用型人才培养的新模式，将产业与教学密切结合，使其相互支持、相互促进，把学校办成集人才培养、科学研究、科技服务于一体的产业性经营实体，形成学校与企业深度融合的办学模式。在产教融合的大背景下，新农科研究与改革实践项目立足江苏大学农业工程省级优势学科，以对接农机产业需求的本科应用型人才培养为切入点，拟重点解决以下三个问题：

第一，通过探索对接农机产业需求的产教协同育人模式与实践方法，破解农机专业本科生入学后对专业认可度不高的难题，有效减少本科生因存在专业认知盲区而跟风转专业的现象。

第二，将教育需求与产业需求有机结合，有效解决高校人才培养目标与产业需求不匹配的问题，实现人才培养目标从“单一型”向“复合型”转变。

第三，构建农机专业产教融合背景下的校企“双师”培养制度，通过企业“出题”开展农机本科生实践环节，为企业所需的应用型与研究型复合人才培养搭建点对点的桥梁，实现校企人才供需平衡。

三、学院新农科研究生培养途径及实践

在现代农科类研究生的培养中，学生应当了解农学门类和田间作物，也应在多媒体平台了解相关作物当前的前沿发展。与多媒体平台接轨可以更全面地培养农科类学生。

1. 通过生产实习提升知识应用能力

生产实习是农业机械化及其自动化专业一个重要的实践教学环节，在生产现场，学生通过观察、实际操作，将自己在学校所学的理论知识和在

实验中掌握的技能应用到生产实践中，具体包括以下几方面：

（1）了解农业装备在生产应用过程中的相关基础知识，增强对拖拉机、作业机组应用的感性认识，加深对理论知识的理解，巩固课堂学习的知识，努力提高自身的实际动手能力并掌握农机装备在使用、维护、修理等方面所需要的技能。

（2）通过全面参与耕、耙、播、收等田间作业农机具和农副产品加工等作业过程，丰富对农业生产的感性知识，从而建立农业机械化生产的概念，在了解我国农业机械化的现状及农业机械在农业生产中的应用的同时，看到我国农业机械化的发展方向。

（3）理论联系实际，提高自己运用所学知识和技能分析解决生产实践中相关问题的能力，培养从设计制造的角度分析解决问题的能力，并提出自己的创新见解和建议，以提高专业水平、培养创新能力，为用好农业机械、改进农业机械打下基础。

（4）了解农业作业质量和核算经济指标的方法，了解农场规模化管理和适度经营的方法，通过实习为以后《农业机械学》的课程设计和毕业设计提供必要的实践知识。

位于镇江新区的江苏润果农业发展有限公司（以下简称江苏润果）是江苏大学的教学实践基地，企业董事长魏巧女士提议：涉农专业学生要下到田里，让裤脚管上沾沾泥。为此，企业提供了场地及农技人员，学校教师则把知识的传授环节摆到了田间地头，现场对农业机械进行直观形象的讲解，便于学生理解。在耕读劳动环节，教师则做给学生看、带着学生干。在公司农技人员的指导下，学生很快就融入生产劳动中，特别是在城市中长大的学生，从此获得了一种新的人生体验。

现场插秧实践

现场卷秧劳动

田间劳作能够潜移默化地塑造学生的知农、爱农品格，培养学生打好专业基础、坚持专业创新的能力，以及未来能够担当强农、兴农使命的素质。这种将耕读教育与现场教学活动相融合的新模式，是农业工程学院结合自身专业特点联合企业共同进行的有益尝试，既达到了活动目的，也取得了良好效果。

2. 推进新农科教改与课程思政建设

新农科研究与改革实践项目是教育部深入贯彻落实习近平总书记给全国涉农高校的书记校长和专家代表重要回信精神，引导高校以立德树人为根本、以强农兴农为己任，优化涉农专业结构，深化高等农林教育教学改革，加快培养知农爱农新型人才，深入推进“六卓越一拔尖”计划 2.0的重要举措。在教改研究中，应以“六卓越一拔尖”、“双万计划”、“四新”建设等为引领，选题范围主要包括人才培养模式创新研究与实践、学科专业建设与课程体系改革、教学内容更新与教学方法改革、实践教学改革与大学生创新创业能力培养、探索新农科教学中的课程思政培养思路等方面。

除了理论指导，学校还应在实践中对学生进行思政教育。农业工程学院组织部分 2020 级本科生前往江苏大学耕读教育实践基地（江苏省镇江青少年综合实践基地）进行油菜移栽实践活动。联合生命科学学院开展小麦收割实践活动，激励学生努力学习专业知识，为种业插上科技的翅膀，为国家的粮食安全和乡村振兴贡献力量。

农业工程学院实践活动

3. 建立新农科“农匠素质”培育模式

首先，制定体现“三全育人”特色的涉农专业群人才培养方案，为国家培养知农爱农和具有家国情怀的农机专业人才，增强学生服务“三农”和农业农村现代化事业的使命感和责任感，为我国现代农业装备事业的发展提供强有力的人才支撑。

其次，再造“大农机”涉农专业群人才培养流程。对标国家战略、行业需求，坚持产出导向，探索新农科建设的新途径，突出新工科对新农科的支撑作用，强化校企协同育人平台，构建卓越培养模式，突出行业在人才培养中的地位与作用，培养新农科“农匠素质”及卓越人才。

再其次，重构“大农机”涉农专业群内涵。调整课程结构，丰富与拓展传统涉农专业群内涵；建设充分体现农机农艺相融合以及现代智能化技术的“智能农业装备工程”新专业；全面推进线上线下混合式教学、虚拟仿真实验等教学新模式的应用，提升人才培养质量和效率。

最后，推进涉农专业群的国际交流与合作。促进与国外高水平大学相关专业师生的双向交流，建设符合国际高等教育认证标准的一流专业集群，提升我国农机人才培养的国际影响力。

四、学院产教融合新农科协同育人模式及保障

针对新农科研究生的培养，需要有一个完善的制度体系。从研究生的入学，到课程知识学习，到专业实践认知，再到专业考核及最后的发放双证环节，都应纳入培养环节。完成学业后的工作去向问题，也是培养环节不可或缺的一部分，无论科研院所、园区企业还是高职院校，都是很好的去处，都可以让研究生较好地施展自己的才能。学校通过产教结合、工学结合，加上后续的校企合作，完成协同育人，达到产教融合的目的。

实习属于认识实习的范畴，主要是帮助学生在进入专业课前对专业建立感性认识，为专业课程的学习奠定基础。受新冠疫情影响，实习教学计划与方案采用教师现场视频拍摄与课件相结合，利用网络教学平台，采用在线教学的方式进行，并结合了江苏大学虚拟仿真项目“大型高地隙喷杆喷雾机”的应用。这是一次实践教学的探索、创新和突破，其目的在于：

（1）使学生对农业生产全过程、作物的生长周期及相关农艺知识有一定的了解。

（2）使学生对农业生产过程中的典型农业机械有直观的了解，包括设备的用途、主要部件的结构及运动形式、操作与维护等。

（3）使学生对未来农业的发展趋势——智慧农业及数字农业有直观感受。

江苏大学作为一所综合性大学，矢志创建农机特色一流大学，首创了由 11 个工科涉农专业组建的专业集群。在厚植学生知农爱农情怀以及担当强农兴农使命方面，江苏大学将“三全育人”理念与专业思想教育结合，将专业课程思政融入课程实践教学，联合企业共建协同育人平台，为培养国家农业现代化所需的知农爱农新型人才，不断进行探索与实践，走出了一条新路。

我国农业机械专家罗锡文院士曾说：“要搞农业机械就一定要下田……脚踏实地，踩在泥中，搞农业、搞农机不能离开田地。”在长期深入田间的科研与实践中，罗院士关注水稻生产中长期存在的问题，从而发明了水稻直播机。结合专业特色挖掘思政好案例，并在生产现场进行讲述，更能引起学生的共鸣，更易获得学生的认同，效果远比在课堂好。起秧是秧苗移栽前一道必不可少的工序，由于动作复杂，至今仍没有实现机械化，人工操作劳动强度大，劳动条件艰苦。为了有效实施知农爱农情感教育，农业工程学院农机专业在学生中开展了耕读劳动教育全覆盖活动，学生跟随企业农技人员下田起秧，体验农事劳动的艰辛。隶属江苏省农垦集团的黄海农场是江苏省内的大型农场，坐落其中的“中德作物生产与农业技术示范园”是中德两国农业方面的双边合作项目，其中有科乐收、雷肯等国际著名农机品牌不同用途的各类大型农机具。学生通过校企共同搭建的协同实践平台，现场观摩与学习国外先进农业机械的使用，学习改进耕作的方法，以及提高农业耕作效率、促进农业可持续性发展的先进理念，开阔国际化视野。

校企协同拓展了课程教学的时间与空间；讲授人员与授课方式的改变丰富了专业课程教学的形式与内容；由现场围观式教学变为沉浸式教学，使专业教学更加生动；将课程思政与特定场景有效结合，也使思政内容更加鲜活。习近平总书记深刻指出，中国现代化离不开农业现代化，农业现代化的关键在科技、在人才。江苏大学贯彻落实习近平总书记对涉农高校的重要批示精神，实践“融爱农之情，铸为农之魂”精神，共育一代“新农人”。近年来，学校一批又一批农机专业毕业生进入了潍柴动力股份有限公司、沃得农机、中联重科股份有限公司（以下简称中联重科）、徐州工程机械集团有限公司等国内骨干农机装备制造企业，未来他们也必将肩负起发展我国农机装备行业的重任，为国家农业农村现代化做出自己应有的贡献。“提倡每名走出江苏大学校门的学生，都要懂一点农的知识，有一点农的情怀”，江苏大学原校长颜晓红教授说。

五、学院新农科“线上+线下”产教融合实践

传统的实验教学模式是教员课上教、学员课上学，是一种灌输式的学习模式，教学效果不佳。线上线下混合式实验课教学模式则打破了这一学习壁垒。教员利用网络教学平台下放学习任务；学员在课下通过线上教学平台，自主学习，随时学习，对于学习中不理解的问题，在线上与教员和同学进行沟通交流。教员能把注意力集中在学员不理解的问题上，这种交流过程不仅提高了学员的自学能力和思维能力，而且使教员在授课前掌握了本班实验教学中的疑难点，可以有针对性地进行备课，从而提高实验教学效率。

混合式实验教学模式注重提高学生对实验过程的理解能力。通过线上实验课，教师能够有针对性地讲解难点，学生也可以在课堂上更加专注于主动学习，对实验有更深的理解。同时，结合在线实验操作平台，学生在实际实验操作前可多次进行在线实验操作，熟悉整个操作过程和实验所需仪器。这种教学方法的改革让学生在进行实际实验操作时，能基本掌握整个操作过程，提高了实验的成功率。

实验平台标配多种根据实际仪器面板设计的虚拟仪器，既能让学生用虚拟仪器实时测量各种电信号，又能训练学生熟练使用实际仪器。实验平台由网管软件和操作平台软件支持，无须单独安装客户端，学员能在电脑终端的浏览器上登录实验系统，搭建实验电路，配置实验电路的各种参数，选择测试点，操作虚拟仪器并实时测量实验数据，截取测试数据和波形，设计并上传电子实验报告。

第四节　涉农高校教师基层党支部的产教融合建设

一、涉农高校教师基层党支部产教融合长效机制建设

江苏大学智能农机装备产教融合基地由江苏大学牵头、江苏润果和沃得农机参与建设。基地以习近平新时代中国特色社会主义思想为指导，以习近平总书记对江苏大学重要批示为根本遵循，以“大力推进农业机械化、智能化”为使命担当，通过深化创新产教融合机制，加强跨学科专业建设，打造高素质“双师型”教师队伍，校企共建实习实训平台，推进大学生创新创业教育，形成产学深度融合的新型人才培养模式，努力为“中国人的饭碗任何时候都要牢牢端在自己手中”提供人才与科技支撑。

1. 构建“三协同”的产教融合体系

基地具体依托江苏大学（“一体”），以及江苏润果和沃得农机（“两翼”），开展协同育人、协同创新、协同服务（“三协同”）工作，形成“一体两翼三协同”的产教融合体系，为提高“知农、爱农、为农”新型农机人才培养质量、提升企业核心竞争力、推进行业技术进步和产业升级、加快农业农村现代化进程、实施乡村振兴战略提供有力支撑。

基地成立工作委员会，基地校内负责人为委员会主任，基地企业负责人为委员会副主任。基地工作委员会统筹协调高校和企业的人才、科研、学科、平台、培训、创新创业、国际化等资源，出台系列产教融合教育制度文件，形成校企资源互通、校企协同的管理格局。

校企双方积极探索和优化创新型、复合型与应用型人才培养的新路径，结合市场供需、培养质量、就业质量等分析，合理调整学科专业的人才培养结构和规模。高校调动教学科研自主权，企业协助完成校企合作的双向供需对接，以打造市场化、专业化、开放性的产教融合人才培养服务平台，提高高校产教融合育人的资源整合能力和企业参与的内驱动力。

2. 制定流程严谨、制度规范的产教融合的系列政策

江苏大学将产教融合基地建设纳入学校“十四五”事业发展规划，在政策制定、资源配置等方面予以倾斜。学校成立了动力电池创新型人才培

养产教融合基地办公室，统筹开展基地的建设与管理工作。同时，学校出台了《关于推进产教融合基地建设的指导意见》《关于加强和改进产学研合作工作的若干意见》《关于进一步提高本科实践教学质量的实施意见》《江苏大学产教融合基地建设与管理办法》《江苏大学产教融合基地企业投入专项资金管理办法》《江苏大学产教融合基地外聘教师管理办法》等一系列政策文件，构建产教融合的配套管理制度，确保产教融合基地的正常有序运行。

3. 充分利用基地资源，共促专业人才培养质量提升

育人是产教融合基地建设的根本任务，专业负责人、产业教授和企业负责人共同推进专业建设、人才培养方案制定、课程改革，统筹组织公开课、专业课、实践课，建构教、学、研、产的育人互联互通架构。学校在本科教学管理制度基础之上，以 OBE（Outcomes-Based Education）理念为指导，结合三个涉农专业，具体制定一系列教学环节质量管理文件，建立健全专业培养目标达成度的评估机制，对所有教学环节的质量提出明确要求并持续改进。建立专业的动态调整机制和检查评估体制，实施全面的教学过程质量监控机制。农业工程学院设有院教学质量监控工作小组，与基地工作委员会、学校教务处和教育教学研究与评估中心共同组成监控评价机构，接受"五制并举"的教学质量评价监控反馈。其中，教务处主要负责教学运行监控，以保证质量管理的时效性；评估中心主要负责教学结果评价，以保证质量评价的客观性。

落实校企合作育人双主体责任，统筹共建和利用产教融合基地及校内各类实践教学平台的相关资源，构建行业企业深度参与高校人才培养的长效机制。校企共同制定培养方案，共同开发建设专业课程，共同组织实施实践教育培养过程，共同评价培养质量，推动校内培养、工程实践和岗位训练深度融合，促进涉农专业学生综合能力的快速提升。寓思政于课程，厚植知农爱农情怀，通过校外实践基地实习实践活动、附属农场劳动教育活动、全国人大代表魏巧的《"新农人"与准"新农人"的对话》、现代农机企业/现代化农场和学科先进平台的情景式教学等形式，集聚多方资源共同推进涉农思政教育，增强学生实践认知，激发学生科研意识，树立扎根农业的信心，为行业培育更多更好的厚知识、强技能、懂前沿的新型现代农业装备复合人才。

二、涉农高校教师基层党支部产教融合教学资源建设

1. 江苏大学智能农机装备产教融合基地注重公共育人平台的建设

校内实践教育中心主要依托农业工程学院和人工智能与智能制造学院，目前已建成智能农机虚拟仿真项目（国家一流课程）、农业机器人实验创新平台、收获机械综合试验平台、田间管理机械实验平台、3D打印实验创新平台、农用无人机实践创新平台、智能农机专业实验平台等用于人才培养的实验、实践和创新平台，仪器设备总值超1亿元，实验面积超7000平方米，实验条件居全国同类高校前列。校外实践教学合作方包括句容市等地方政府，以及江苏润果等现代企业、沃得农机等农机龙头企业。近三年，江苏润果投入230万元用于产教融合基地的建设，提供300亩土地用于附属农场，并提供大量农学、生物学、信息学、自动化、环境学等领域的仪器设备和场地用于产教融合基地建设。沃得农机投入566万元用于产教融合基地的建设，包括农业工程学科建设、农业工程人才培养、开放基金项目和专项奖学金等，建有1500平方米的农机性能实验室，支撑学校开展校外实践教学。以上两家企业的仪器设备和实验基地等资源，供江苏大学人才培养免费使用。

智能农机虚拟仿真中心

农机装备实验中心

2. 江苏大学智能农机装备产教融合深度参与人才培养的各环节

依托江苏沃得集团和江苏润果在农业机械化、自动化与智能化生产方面的产业优势，结合江苏大学农业工程学科特色，江苏大学与合作单位在本科人才培养的各个环节，如培养计划、课程体系、课程内容、毕业设计（论文）、实践实训、教材编写等，均有效融入产业发展过程中的新工艺、新规范、新产品等。

（1）深度参与本科专业培养计划制订。根据行业一线需要及对人才的要求，提出针对知识结构、综合能力等方面的人才培养计划。基于国家与地方产业战略的人才需求，共同制定农业机械化及其自动化、农业智能装备工程、设施农业科学与工程等专业的人才培养方案。

（2）形成具有产教深度融合特色的“新农科”与“新工科”课程。在农业机械学、农业装备智能化技术、农业机器人技术、农业装备测试与控制工程基础、工厂化育苗与植物工厂技术等专业核心课程教学过程中，严格把关教学大纲、教材选用、教学设计、教学案例等人才培养环节。选用企业最新的核心技术作为上述课程的教学内容和实施案例，个别课程请企业教师参与讲授。

（3）合作单位参与制定培养环节中的毕业设计（论文）环节。选派高级以上职称的生产技术人员或经营管理人员参与本科毕业设计（论文）的指导工作。企业兼职教师每年为学生提供行业前沿的毕业设计（论文）题目，选题均来自工程实践或产业一线。同时，企业兼职教师全程参与本科生毕业设计（论文）的开题、中期检查、毕业答辩等环节。

（4）实训基地提供给本科生实践实训。利用基地教学资源、顶岗实习机会，积极创新教学模式与方法，推进专业理论学习与实习实践相融合，定期开展灵活多样的生产现场教学和专题教学。合作单位选派具有丰富实践经验的技术或管理人员全程参与农业装备实习、毕业实习等实践教学环节，着力提升学生解决复杂实际问题的能力，形成优质的产教融合教学资源。

（5）企业参与本科教材等的编写工作。最新编写的农业农村部“十三五”重点教材《智能农业装备与技术》《设施农业装备与技术》充分吸收了企业在智慧农业、现代农业装备等方面的最新理论、方法、技术、实例等，丰富了教材内容，并请企业兼职教师参与该部分内容的实际编写工作，部分实践实训环节的指导书、培训手册也直接使用企业相关材料。

三、涉农高校教师基层党支部产教融合师资队伍建设

建立校企团队人员共享机制，聘任企业一线技术人员、管理人员为基地校外导师，校外导师结合一线生产经验进行实践教学设计和案例开发。高校专业教师深入企业生产一线，提高实践育人水平和科研水平，切实解

决企业实际生产中的难题和人才需求，以实现校企间人才培养、科学研究、产业服务一体化。

依托企业优势资源，构建多元化师资队伍。聘任江苏沃得集团董事局主席、总裁王伟耀为江苏大学客座教授，沃得农机副总经理胡必友为江苏大学产业教授，江苏润果董事长魏巧为江苏大学产业教授、江苏大学实践教师。同时，产业学院也有5名产业教授。

沃得农机设立沃得奖教金，每年投入180万元奖励在人才培养方面做出突出贡献的教师。为优秀青年人才创造条件，帮助青年拔尖人才脱颖而出、成名成家，不断壮大教学人才队伍的整体规模。实施青年教师和导师传帮带机制，让青年教师尽快成长，实现量身打造，使其心有归属感、学有成就感。

江苏大学与江苏润果签署联合附属农场合作协议，使江苏大学的农机装备在江苏润果实现产业化，实现产业链和教育链的有效对接，促进高校人才培养与企业发展合作共赢。

探索学校教授和企业产业教授“同上一门课”的模式。在人才培养过程中，提升课程内涵的融合度，开设“专业复合课程”，提升实践环节的开放性、自主性和探究性水平，提升学生解决农业工程领域内复杂问题的能力。依托江苏大学在江苏润果的教学实践基地，组织社会实践活动，提升学生实践动手能力。

定期举办高校青年骨干教师、企业技术和管理人员技术培训班，以及农机手和种田大户职业技能培训班，提升基地师资队伍教学、科研水平。

四、涉农高校教师基层党支部科技创新成果转化建设

校企共建的现代农业装备与技术协同创新中心、江苏省农业装备与智能化高技术研究重点实验室、江苏大学润果农业产业技术研究院、江苏大学沃得智能农机装备产业研究院、江苏省农业园林机械工程技术研究中心、江苏省研究生工作站、江苏大学附属农场等创新平台，在联合收割机、智慧农场、农产品加工等方面开展协同创新，提升企业核心竞争力，推动行业技术进步和产业升级，服务地方经济，为农业农村现代化贡献力量。

1. 再生稻联合收获机关键技术研究

针对再生稻机械化收获难题，江苏大学和沃得农机联合攻关，研究开发了低碾压宽幅智能化再生稻联合收获机，突破了再生稻宽幅分层割台及留桩高度自动控制技术、小草谷比再生稻脱粒清选与多参数预测控制技术、再生稻碾压留桩扶正机构及其自动扶正技术、基于粮箱装载量的再生稻收获机路径规划与自动卸粮技术等。

2. 无人农机关键技术研究与示范应用

根据智慧农业发展需求，江苏大学和江苏润果联合攻关，开展稻麦轮作田间作业全程“无人化”智能装备与技术推广应用工作。在江苏润果建设300亩的无人农机示范点，优化提高无人拖拉机、无人插秧机、无人施药机、无人联合收割机的无人驾驶作业性能，熟化农机作业状态监测和作业过程自适应调控技术，优化完善“无人农机”远程可视化管控系统和管理平台，实现稻麦轮作田间作业主要环节（耕整地、种植、植保、收获）的全过程无人化作业，逐步减少人工用工工时。同时进行减肥减药试验，与无人化模式进行合理匹配和融合，形成具有实际推广意义、在全省具有引领作用的稻麦田间作业全程无人化机械装备与技术解决方案和作业规程。CCTV-17农业农村频道栏目组对江苏润果镇江基地无人农机田间作业进行了实景拍摄，并在《我爱发明》节目播出。

第五节　涉农高校教师基层党支部产教融合协同育人实践成效

一、实现产教深度融合，共育新型创新创业人才

党支部基于基地的深入建设，紧密结合企业的研发实际，以校企合作的科研课题为载体，综合训练学生的创新动手能力，使学生的创新创业水平得到了快速提升。基地师生团队的项目“稻刈有道——全球首创再生稻收割机智能割台”“神机妙栽——中国全自动移栽机领跑者”分别荣获第八届中国国际“互联网+”大学生创新创业大赛金奖。

针对传统联合收获机收割再生稻头季时存在高碾压、长秸秆覆盖及易

误伤休眠芽等问题，稻刈有道农业科技有限责任公司首次研发再生稻收割机智能割台。轻量化宽幅割台可降低碾压率超40%；三层切割器可实现再生稻分层收割，将出芽率提高至30%；多源信息融合切割器高度自动控制系统可实现精准切割以保留休眠芽。

针对目前国外进口全自动移栽机价格昂贵、与国内农艺不匹配且国内完全自主知识产权全自动移栽机领域尚属空白的情况，“神机妙栽——中国全自动移栽机领跑者”团队成功研制出国内首台完全自主知识产权、完全符合我国育苗情况且达到国际先进水平的全自动移栽机，打破了国外垄断，真正做到了让农民买得起、用得起、用得好。“低碾压智能化再生稻收获技术与装备”“水稻脱粒装置远程诊断预警及故障排除系统与装备”分别获第十七届“挑战杯”全国大学生课外学术科技作品竞赛特等奖和二等奖，“瑞丰科技——再生稻收割机智能化增产割台开创者”获第十三届“挑战杯”中国大学生创业计划竞赛国赛金奖。

二、聚力培育知农爱农人才，冲击国际级国家级赛事

为进一步提升学生创新能力，给学生提供创新创业平台，2015年，江苏大学农业工程学院牵头创办全国大学生智能农业装备创新大赛（以下简称大赛）。大赛由中国农业机械学会、中国农业工程学会和江苏省现代农业装备与技术协同创新中心主办，秘书处常设江苏大学。大赛以“智能农装、创新未来”为主题，以“新农科+新工科”“四命题+全流程”“双参与+产业化”为特色，以创建高校、院所、企业和行业协同培养学生的综合平台为目标，旨在培育一批行业亟需的“专业知识雄厚、动手能力较强、创新创业能力过硬”的现代农业装备创新创业人才，为我国实现由农业装备大国向农业装备强国迈进提供人才支撑。

从第六届大赛开始，国际农业和生物系统工程委员会成为主办单位之一，大赛更名为“国际大学生智能农业装备创新大赛”，成为国际性农业工程类赛事。第七届大赛由沃得农机冠名，沃得农机赞助20万元用于组织赛事。自2015年起已连续举办八届，参赛范围覆盖90%以上的农业工程专业布点高校，2023年成功入选“全国普通高校大学生竞赛排行榜”，成为农业工程领域最具影响力的权威科创赛事，为全国农业工程专业的学生，尤其是为江苏大学涉农专业的学生提供了提高实践创新能力的大舞台。

三、组建“高良润”实验班，校企协同培养拔尖人才

为深入学习贯彻习近平总书记关于高等教育事业的重要论述，按照“以人为本、因材施教”的原则培养创新型人才，2021 年，江苏大学在农业机械化工程、设施农业、农业电气化等专业选拔了 20 名本科学生组建了第一期江苏大学“高良润”实验班。其培育模式如下：

（1）“高良润”实验班实施精英化、个性化培养，实行全员导师制、科研训练全覆盖，重在提升学生的综合实践能力和创新创业能力，确保学生毕业时具备顺利进入国内外顶尖高校农业工程学科深造、在未来成为农机行业领军人才的发展潜质。

（2）“高良润”实验班挂靠农业工程学院，采取虚拟组织模式，学生日常管理归各专业学院管理。学生被录取后须选修“农机专业前沿”等农机类课程，参加为“高良润”实验班打造的提升创新能力和科研能力的讲座或学术报告，在导师指导下依托高水平实验室开展课题研究等。

（3）学校设立“高良润”实验班专项奖学金。该专项奖学金可与学校其他各类奖学金兼得，评选标准见《江苏大学“高良润”新农科拔尖人才实验班专项奖学金评选办法》。

（4）“高良润”实验班学生享有海外交流资助权益，具体资助标准见《江苏大学“高良润”新农科拔尖人才实验班海外交流资助办法》。

（5）“高良润”实验班学生培养周期为 2 年。培养周期结束后，由农业工程学院进行考核，学生须在培养期间获得一定的农机类课程学分，并在大学生学科竞赛、大学生创新创业训练计划项目、大学生科研立项等方面取得一定的成果。经考核合格后，颁发江苏大学“高良润”新农科拔尖人才实验班结业证书。

（6）“高良润”实验班实行淘汰机制，每学年进行考核，原则上淘汰率在 5%以内。考核不合格的学生不再享有以上激励政策。

“高良润”实验班依托智能农机装备产教融合基地的校内外资源，开展了以创新创业能力为导向的“以赛促学”“赛教/产教融合”培养模式的探索与实施，通过对学生进行成绩摸底、专长挖掘、兴趣试探等多种方式指导，为每个学生建立了精准的“档案”，成立了学习提升、科研创新、竞赛争优等多项兴趣小组，对全班进行“分类互助”式人才培养；深入践行“三全育人”

综合改革，打造出涉农专业学生培育的品牌——“田野上的思政课”。

经过3年建设，江苏大学“高良润”实验班第一期学生中前往美国伊利诺伊大学香槟分校、西北工业大学、浙江大学等名校读研深造的有13人，4人在本校读研，考研录取率85%，就业率100%。

四、开展耕读教育，将教学与实践融入“大地”

在乡村振兴战略的时代浪潮下，江苏大学积极响应国家号召，扎根田野开展耕读教育，全力培育知农、爱农、为农的高素质人才。学校借助校内外实践基地，在企业导师与学校导师的携手指导下，依循农耕时节，有序开展了油菜移栽、小麦收割、水稻种植与收获等丰富多样的农事实践活动。近年来先后开辟近30家校外耕读实践教育基地。

耕读实践活动贯穿多个专业学生的学习历程，包括耕、种、管、收多个环节。例如，油菜移栽时，导师悉心示范，从选苗到培土，步步讲解，学生们满含期待，亲手种下希望。待油菜成熟，金黄的田野里，学生们手持镰刀，虽动作生涩却热情高涨，在收获中体悟艰辛与喜悦。小麦收割之际，在导师的教导下，学生们学会使用农具，在弯腰劳作间深刻领会农事的不易与粮食的珍贵。在水稻种植环节，从秧苗移栽时踏入水田的新奇，到收获时见证从播种到丰收的完整周期，学生们全方位感受农业生产的全过程。青菜收获活动则让学生们掌握了蔬菜品种辨别与采摘技巧，懂得餐桌食物背后的辛勤付出。这些传统劳作的艰辛进一步激发了学生投身农业现代化建设的热忱。

此外，江苏大学农业工程学院还举办了全校范围的大型耕读文化节，系统宣传农业、农事、农机知识，迄今已连续举办3届，在校内外形成了品牌影响力。文化节期间，不仅有农业知识科普展览，生动展现农业发展的历史脉络与前沿科技，还开展农事技能竞赛，鼓励学生们比拼移栽、收割等技艺，激发参与热情。同时，学院还邀请农业领域专家举办讲座，分享行业动态与实践经验，拓宽学生视野。

通过系列实践与文化节活动，学生们亲身体验农事艰辛，深刻感悟农业发展的不易，极大提升了专业认同感。他们在与土地的亲密接触中，社会服务意识显著增强，开始关注农业生产实际问题，诸如病虫害精准防治、灌溉系统优化等。带着这些问题，在学业与企业导师的指导下，学生们深人研究，查阅资料、实地调研、设计方案，创新能力与解决问题的能力稳步提升，为投身农业领域筑牢根基。

五、教师党支部深入产教融合的人才培养成效

学校着力培养有知农爱农情怀、强农兴农本领、助农为农行动的高素质人才，学生的思想政治素养、学习科研水平和综合素质得到社会、家长和企业的一致认可。每年农机行业骨干企业都对本学科毕业生有强烈需求，沃得农机、中联重科等龙头企业每年到学校针对本学科毕业生举办专场招聘会，近3年学生年终协议（含升学）就业率为100%。学生整体考研录取率75%以上，农业机械化及其自动化专业考研录取率40%以上，设施农业科学与工程专业考研录取率35%。

近年来，依托产教融合基地，学校取得了一系列标志性教育教学成果和“双创”实践成果：

（1）教学成果奖。“以工强农、以融兴农涉农工科专业集群人才培养体系构建与实践”获得国家教学成果二等奖（公示）、江苏省教学成果特等奖；“科研反哺农机本科专业毕业设计（论文）质量提升‘123’模式构建”获江苏大学教学成果二等奖。

（2）专业建设。农业机械化及其自动化专业获批国家一流专业建设点。

（3）课程建设。“大型高地隙喷杆喷雾机工作参数调控虚拟仿真实验”获批国家一流课程；“农业机械学”获批江苏省一流课程。

（4）教材建设。《设施农业科学与规划》《液压气压传动》获批农业农村部“十三五”重点规划教材。

（5）教改课题。“新农科、新工科一体化建设，打造一流涉农专业集群的探索与实践”获批教育部新农科研究与改革实践项目。获批江苏省教学改革研究课题3项；获批教育部协同育人项目6项。

（6）教学比赛。获得全国农业工程类专业青年教师教学基本功大赛二等奖3项。

（7）“双创”实践成果。每年大学生创新创业训练计划项目立项20余项；“水稻脱粒装置远程诊断预警及故障排除系统”获第十七届“挑战杯”全国大学生课外学术科技作品竞赛二等奖；“联合收割机浮筏式低频减振座椅结构设计与性能分析”获第十三届大学生创新创业年会“最佳创意项目

奖”；获评江苏省普通高等学校本专科优秀团队毕业设计（论文）6 次；等等。

六、支部产教融合模式的线上教与学过程及成效

线上教学是教师与学生通过网络平台联系在一起，教师利用已经普及的电子产品等硬件，借助专业的教学软件进行授课，打破了时间与空间限制的教学模式。从广义上来说，线上教学不仅指教师与学生进行网络直播教与学，也包括学生根据教师录制好的课程进行学习，教师通过线上答疑、测试等环节完成课程教学任务。2020 年春季学期，突发新冠疫情使线上教学陡然成为现实，线上教学从“候补”模式转为大规模“常规”模式，“有条件上，没有条件创造条件也要上”成为当时很多高校线上教学的基本写照。事实上，疫情期间的线上教学已经成为推动课堂教学改革的一次重大演习，为高校教师深化教学信息化改革提供了一个绝佳的实战机会，且优点众多。

1. 线上教学软件丰富

2019 年 11 月，教育部办公厅印发《教育移动互联网应用程序备案管理办法》，该文件中所称的“教育移动互联网应用程序”俗称线上教学软件，即“教育 App”。根据该文件，教育移动互联网应用程序提供者应按照要求通过公共服务体系进行提供者备案，并配合注册地省级教育行政部门做好备案审核工作，提供者备案实行“一省备案，全国有效”。截至 2019 年 12 月，共有 1321 家企业提交了 2279 个教育 App 的核验申请。其中，152 个教育 App 通过了核验和备案，首批通过核验和备案的教育 App 覆盖课堂教学、课后练习、网校直播等多种类型。

目前，较为常见的教育移动互联网应用程序有“中国大学 MOOC”“钉钉”“腾讯课堂”“腾讯会议”“新东方”“爱课程”“猿辅导”“智慧树”“智慧职教”“学习通”“好分数”“企业微信”“QQ”等。这些软件都具备在线即时互动教学功能，既能提供音频、视频，满足 PPT 演示、屏幕分享的需要，还能为教师提供白板、提问等多项功能，当然也都各有其优势和改进的空间。

2. 线上教学形式多样

按是否实时来分，线上教学可分为在线直播课程和在线点播课程。在

线直播课程，是教师根据约定好的时间段，利用有关在线教学平台，实时讲授课程内容。在线点播课程就是教师事先把教学内容录制好，放在网上，学生可以在任意时间段点击播放或下载学习。在线直播课程的优点在于实时性强，学生可以实时接受知识、提出问题、参与课堂讨论，师生互动较多，在教师教学水平较高的情况下，学生学习积极性会大大提高。如果参与在线直播课程学习的学生基数较大，那么在教学互动过程中学生就有机会接触到各种不同的观点。在线点播课程的优点是方便学生随时收看，能够满足学生在学习时间上的个性化需求；缺点是不方便师生之间及学生之间的互动，学生在学习过程中的疑惑不能得到教师的及时回答，也很难得到其他同学的帮助或参加有关疑难点的讨论。对那些难度较高的课程，由于不能实时互动，在线点播很难长时间吸引学生。

按完整性来分，线上教学可分为混合式线上教学和完全式线上教学。在混合式教学模式下，主要教学环节还是在传统的教室里进行，但教师会事先把部分学习内容直接上传，或者制成课件后上传至有关线上教学平台，供学生自学，然后把主要或者重要的教学内容通过课件、慕课等资源形式传到有关教学平台上，供学生在课堂上观看学习，老师根据课程内容进行提问、组织讨论、答疑、师生互动等，学生课后也可以重播课件进行复习，课程考核基本上还是按传统的考试方式进行。完全式线上教学指的是课程所有教学环节都在网上进行，彻底告别传统的实体教室。在新冠疫情早期，特别是2020年上半年，国内外很多高校采用的多是完全式线上教学模式。混合式线上教学的优点是整合了传统教学和线上教学各自的优势，学生比较容易接受，对高校现有的教学秩序冲击不大，易于推广。完全式线上教学彻底打破了传统课堂教学的物理边界，通过网上竞争的方式，使优质教学资源趋于集中，使学生可以选择在优秀教师的指导下学习课程，这可能是线上教学的发展方向。

江苏大学农业工程学院党委以自己首创的全国大学生智能农业装备创新大赛为依托，以点带面提升学生行业竞赛能力，努力培养“专业知识扎实、动手能力较强、创新创业能力过硬”的现代农业装备创新创业人才。作为“三命题—双参与”的多方育人平台，大赛2020年升级为国际赛事，累计吸引近百所学校超两万名学生参与。以赛促教、以赛促学的做法得到教育部和行业部门的高度认可，《人民日报》、中央电视台等40余家国家级媒体相继报道。学院连续七届喜捧“优胜杯”，获特等奖28项，接连获全国“挑战杯”一等奖、二等奖和特等奖。

人才培养、科学研究、文化传承、社会服务、国际交流是高校的五大基本职能。其中，人才培养居首位，关系着其他四项职能的发挥，其他四项职能亦以其为重。然而，人才培养是系统工程，高校作为培养高级专门人才的主阵地，需紧密围绕党的教育方针，坚持社会主义办学方向，为党和人民的事业培养可靠的接班人。江苏大学农业工程学院通过“三双一赛”工程进行知农、爱农、为农全程教育，为国家培养专注“三农”事业的高素质农机人才，体现了自身在高校人才培养中的实用价值、在国家乡村振兴战略中的重要现实意义，以及在社会面层厚植“三农”情怀的巨大潜在价值。

江苏大学农业工程学院集中优势资源，全程统筹设计。围绕“095 工程”要求，早启动、早关注、早规划，以培养学生创新实践能力为核心，通过思想引领、专业培养、实践锻炼，引导学生培养知农爱农初心、强农兴农本领、助农为农情怀。准确把握学生各阶段的特点，有效地将劳动教育融入思想教育和专业教育，培养学生热爱专业、热爱校园、努力为农业发展奋发作为的精气神，不出现教育盲点、断点，全程为促进学生的德智体美劳全面发展保驾护航。具体做法如下：

（1）开设劳动教育课堂。劳动教育，出力、流汗是必需的，是为了让学生铭记粮食的来之不易。但践行劳动教育绝不止于出力、流汗，还是为了在培养学生“吃苦耐劳、埋头实干”劳动精神的同时，结合专业特色，引导其成为扛起强农兴农使命和担当的新时代“新农人”。

在实习实训中提升学生劳动技能。学院设立“工程训练中心大学生创新实践基金”，面向全校本科生开设各类创新类课程，开展创新立项和课外科技活动，支持学生参加各级各类创新竞赛，仅 2019 年立项数就达到了 108 项，400 余名学生受到资助。在实践教学项目中，工程训练中心融入具有新工科理念和要求的一体化项目。在本科生综合创新训练中，学生通过普通车床、数控车床和铣工操作，制作了有较大难度的“三件套”，学到了真知识，掌握了硬本领。

通过“与收割机比赛割水稻”田间实践课培育“新农人”。农业工程学院的学生身穿红马甲躬身割水稻，与农场的联合收割机进行着一场水稻收割竞赛。同学们在和农机手交流的过程中了解了田间各式农机装备的性能特点以及农机装备的部分“卡脖子”问题，更加坚定了未来从事农业机械化研究的信心与决心。

带动师生上好劳动教育课。在江苏大学校园里，一堂生动的劳动教育课正热火朝天地进行。200余名师生以4人一组随机分组，挥锹铲土、扶正树苗、填土压实、提水浇灌，道道工序细致认真、有条不紊。

除了持续开展日常生活劳动教育、服务性劳动教育，学院将继续探索更多的劳动教育实践形式，针对劳动新形态，深化产教融合，不断加强创造性劳动教育，培养学生科学精神，提高学生的创造性劳动能力。

（2）结合“田间思政课”开展“知农爱农”情怀教育。学院通过深入“田间地头”使学生从“知农”逐渐过渡到“爱农”“兴农”，使农机人才的培养更加接地气、更加社会化，做到农机人才的培养为国家发展战略服务、为解决农业发展实际问题服务，真正发挥农机人才的责任与担当。

走进田间地头开展党史学习教育。学院举办以“学‘亚夫精神’”“学‘戴庄经验’”“为戴庄办实事”“在戴庄进行劳动教育”为主题的“学习百年党史助力乡村振兴”系列活动，让来自农业工程学院的50余名师生代表接受了一场鲜活而生动的党史学习教育。为了充分发挥学校农业装备学科群的优势，学院还搭建劳动教育实践平台，在戴庄建立江苏大学亚夫智能农机装备实验基地。活动现场，赵亚夫充分肯定了智能农机装备创新团队为再生稻收获做出的贡献，希望师生可以再接再厉，为“三农”问题贡献自己的力量。他强调，未来农业是属于年轻人的，年轻人要多从事“三农”事业，为脱贫攻坚事业添砖加瓦。

参观常熟国家农业科技园区。为加强学生的专业思想教育，培养学生“知农爱农”的情怀和“强农兴农”的责任意识，学院团委组织本科生赴常熟国家农业科技园区参观学习。通过接触现代化设计农业的成果，同学们未来会更加坚定地投身于农业发展中，为智能化农业、乡村振兴的发展贡献自己的力量。

开展为农情怀宣传实践。积极组织学生开展社会实践锻炼，组织为农服务暑期社会实践团，让学生深入田间地头，了解农业、农村的发展，调研农业发展中的问题，寻求解决方案。组织学生深入农机企业一线，深化校企联合培养模式，加大与地方研究院的合作，将人才培养与解决现实问题紧密结合，提高农机人才的行业贡献度和辨识度。

学院“乡农之翼”团队赴镇江市丹徒区农场进行了实地调研劳动。在劳动中，学生对多层次、立体、循环利用的农业生产有了更加深刻的认识。

学校将助力乡村振兴战略的深入实施，调研乡村农业发展中的瓶颈，培育学生的“三农”情怀。培养江苏大学涉农专业研究生，让他们成为新时代“三农”建设的“螺丝钉”，刻苦钻研科学技术，为祖国的繁荣昌盛贡献力量。

第六节　涉农复合型人才培育机制及产业教授的作用发挥

一、农机产业在复合型人才培养方面存在的需求

随着科学技术的飞速发展，新兴行业、新型产业和前沿技术不断涌现，这使得农机专业对人才的需求发生了巨大的变化，迫切需要创新和发展农机专业人才培养模式。当前，涉农高校在培养复合型人才过程中存在以下问题。

1. 农类人才供需匹配度有待改善

涉农高校传统人才培养模式与行业产业需求未能做到精准对接，人才培养供给和产业需求之间在结构、质量和水平上尚未完全协调一致。当前，农业用人单位普遍存在用工缺口，尤其是在农业新技术和新业态领域，人才短缺现象愈发明显。与此同时，高校农科毕业生就业困难也是一个严峻的问题，出现毕业生“学农不择农”的现象①。造成这种情况的主要原因在于高校在人才培养过程中未能充分了解行业发展的动态，对于“三农”领域的调研不足，从而导致人才培养目标与当前市场实际需求之间存在较大的差距。此外，农类人才在质量、水平参差不齐主要是由于难以深入农业生产一线，缺乏有效的实践教学体系，无法真正了解农村环境、气候及土壤条件等情况，无法将所学知识精准应用于研究并解决各种农业技术方面的难题。

2. 农类人才培养特色性有待提高

农类人才的需求结构已发生变化，乡村振兴战略的实施迫切需要既具

---

① 李书剑，孟磊，邢文龙．乡村振兴视域下涉农高校推动毕业生农村就业创业路径研究［J］．乡村论丛，2024（1）：111-115.

备专业技术和实践能力，又熟悉国家方针政策的知农爱农的复合型人才。对于乡村振兴人才的培养，应当以多层面的复合型需求为导向，向信息化、生态化等方面深度融合转变。当前，各涉农高校所采用的专业人才培养模式相对单一，农业特色逐渐淡化①。涉农专业课程存在农业产业地方性、应用性及特色优势不突出等问题，制约着涉农类复合型人才培养质量。此外，涉农高校在制定人才培养方案和进行教育教学时，对农类复合型人才内涵理解不够准确，未能彰显复合型人才培养理念；教师欠缺对农类复合型乡村人才的培养经验，也缺乏对于专业教育教学的深入研究，这种情况不利于培养技能型、创新型及复合型农类人才。

3. 产学研融合协同性有待增强

农类专业教育必须紧密融合企业、行业和产业，通过升级校企合作获得持久发展。目前，我国的产学研校企合作正处于探索与发展阶段，面临着参与广度和深度不足等问题，影响到人才培养的质量。就高校和科研院所层面而言，大量科技成果仍停留在实验室，我国科技成果转化率不足10%，成果转化率和技术转移率比较低②。就企业层面而言，部分企业与高校的合作内容和形式相对简单，缺乏高附加值区域成果。高校与企业之间的合作通常只限于表面，合作项目和方案缺乏实质性的落地。此外，产学研合作协调人员不足和合作成果评价不完善是高校、企业及科研院所公认的重要问题③。这导致培育涉农专业人才面临着产学研协同创新型人才培养模式不健全、教学和科研发展不平衡等问题，使得人才培育不够全面，需要高校、企业与科研院所增强协同性。

二、面向农机产业需求的产业教授作用发挥

产业教授制度作为产学研融合的具体操作形式，能通过校企间优势互补达成协同共赢，并帮助打通高层次人才培养从知识到应用的“最后一公

① 周玉洁．乡村振兴战略背景下涉农专业人才的培养策略［J］．南方农机，2020，51（15）：165-166.

② 尹西明，钱雅婷，武沛琦，等．场景驱动科技成果转化：理论逻辑与过程机理［J］．科学学研究，2024，42（11）：2286-2294，2317.

③ 桂炎平，胡启帆，唐厚兴．江西高校产学研协同创新研究［J］．合作经济与科技，2024（7）：108-111.

里”。以下内容将从教学过程、教学实践、校企联合攻关等方面对产业教授如何面向农机产业需求发挥作用进行探讨。

1. 融合产业需求，精准定位专业发展方向

产业教授融入高校涉农类专业构建过程，对专业建设提出指导性意见。产业教授深耕于农机产业中的各个领域，具备丰富的经验和广泛的信息渠道，能够从农机产业发展的视角出发，更好地定位农类专业。合作高校可结合农机产业的最新发展和产业教授的建议，及时对现有的专业布局、招生规模及师资队伍做出动态调整，以更好地满足农机产业转型升级对人才的需求。同时，产业教授在教学中可以引导学生了解行业发展及需求，使学生随时把握住行业动态。

2. 贴近教学过程，向内多途径融入学校

产业教授走进课堂协助推进涉农类专业教学工作。产业教授与校内导师共同承担学生培养责任，产业教授不仅指导学生毕业设计（论文）、创新创业训练、学科竞赛等活动，还从产业前沿视角为学生开设知识讲座，并且参与学生答辩与成绩评定等方面的工作。在此基础上，产业教授可进一步根据培养复合型人才的要求，通过对高校和企业的人才培养模式进行深入分析和探究，有针对性地开展项目式教学及探究式教学；参与制定培养方案，为学科建设提供建议，对高校教学体制及教学模式进行优化与创新等，以构建更完善的课程体系，培养出更适应社会需求的高素质人才。

3. 衔接教学实践，向外打破校企壁垒

产业教授推动人才培养与社会需求的无缝对接。产业教授一方面可以在课程教学中提供设备支持，注重实践教学，帮助学生锻炼自己的实践能力，另一方面可以为学生创造科研实践机会。产业教授在学生企业实践学习阶段不仅可以帮助学生学习企业的工程技术和企业的管理文化，还可以带领学生实际参与企业的技术创新和工程开发，使学生能够在真实的工程环境中学以致用，进一步提升学生实践能力与工程素养。作为领域专家，产业教授能够和校内教师就最新的专业技术成果进行交流学习，不断更新校内教师的专业知识与技能，这有助于提升校内教师科研及实践教学能力。

4. 发挥校企优势，共建协同创新平台

产业教授在校企合作中充当桥梁，使高校和企业相互借力，共同打造科技创新的协同平台。高校与企业双方资源共享，共同为科技创新平台添砖加瓦。同时，产业教授作为产学研合作过程中的协调人员，能够推动科

研项目的合作，打造高附加值区域成果，推动科研成果的转化。一方面，产业教授可以帮助企业解决技术难题，把高校创新力转化为产业竞争力；另一方面，产业教授可以帮助高校将科研成果转化与技术转移。此外，产业教授可以结合科研项目的全过程对合作结果做出相应的评估，及时对合作模式进行调整，同时明确是否继续进行相应的合作，从而打造最优的产学研合作模式。

三、结合农机产业需求的复合型人才培养机制

1. 构建以产业需求为导向的人才高质量培养模式

涉农高校需要结合农业及其相关产业实际，构建能够适应社会需求的人才培养体系。高校应加强对农业及其相关产业发展的调研，建立相应的数据采集系统平台，精准分析产业紧缺岗位，利用大数据技术，从学历、专业、能力等多个维度建立具体的岗位画像，有针对性地摸清农机产业发展对人才的要求。随后根据已有信息优化人才培养目标，在教学方案和人才培养计划上做到与时俱进，从学生的角度出发，让学生在就业上具备竞争力。另外，高校要着重培养符合农业农村现代化发展要求的高质量人才，由注重知识传授向注重知识、能力和素质全面提升转变。高校还要为学生构建多元化的实践教学平台，全面提高其基础能力、专业实践能力、科学素养及创新创业能力。

2. 构建具有核心特色的专业结构，强调人才培养内涵

涉农高校需了解“三农”需求，打造具有核心特色的专业结构。高校需要准确对接现代农业的需求，及时调整或淘汰就业前景不佳、市场需求不高的专业；以培养实践操作能力为目标，以全面涵盖农业生产的各环节为要求，完善相关专业的培养计划，对专业课程进行优化和改进；根据新产业需求，制订出新兴涉农专业及人才培养计划，最终建立起一套具有农业特色的新农科专业核心课程群。另外，涉农高校要准确把握复合型人才内涵，着重培养符合农业农村现代化发展要求的高素质人才。全面贯彻复合型人才培养理念，加强教师队伍建设，不断总结与创新人才培养模式。

3. 构建完善的产学研深度融合协同育人机制

建立更全面科学的协同育人机制，需要高校、企业和科研机构等多元主体的共同参与、协调配合。高校、企业和科研机构应联合成立协调机构，

明确各方的权利义务，全方位开展深度合作，涵盖科研、技术、资金、项目及人才培养等多个方面，以不断提升合作的质量和效益，建立稳固的利益共同体和育人共同体。高校、企业与科研机构需要协同建立更完善的人才评价机制，以推动人才培养的全面发展。在产学研深度融合的过程中，应对学生的表现进行综合评价，注重学生各方面能力的养成，确保学生能力全面均衡发展。此外，高校、企业和科研机构还需要结合人才培育的实际效果做出总结，确保各环节达到预期完成度，提升协同育人质量。

涉农高校是为农机产业培养人才的关键平台，应该充分调动多方面资源，通过产业教授制补齐高校人才专业教学、实践教学培养短板，推进产学研合作；构建与人才需求高度契合的人才培养机制，调整和优化专业结构，加强专业特色建设，促进高校、企业与科研机构之间的沟通交流，持续为乡村振兴输送高素质的现代化专精复合型人才，助力农业现代化，实现建设农业强国的发展目标。

第八章　涉农基层党支部“双带头人”工作室品牌创建与使命

第一节　江苏大学涉农基层教师党支部的耒耜传承

我国作为农业文明古国，农业机械化发展始终是现代化进程的重要标志。江苏大学的前身之一镇江农业机械学院，为响应毛泽东同志“农业的根本出路在于机械化”的战略号召而诞生。学校将中国农机文化展示馆的建设作为传承初心使命的重要工作，这既是贯彻习近平总书记关于农机化重要论述精神的具体实践，也是落实立德树人根本任务的创新举措。该馆通过“历史溯源、时代传承、未来展望”的三维体系，与学校牵头发起的耒耜国际会议、国际大学生智能农业装备创新大赛共同构建起具有学校特色的文化育人平台，成为弘扬农机精神、培养卓越农业人才的重要阵地。

一、“追寻历史 溯源农机”历史文化活动

党支部构建“时空坐标”学习体系，系统梳理中国农机发展脉络：纵向以石器时代的石制农具、青铜时代的耒耜农具、铁器时代的曲辕犁等标志性农具为节点，揭示农业生产力发展规律；横向对比同期世界农机发展水平，凸显中华文明在农业科技领域的原创贡献。通过复原古代农耕场景，解析《农政全书》等典籍中的农机智慧，引导党员教师从历史维度理解农机文化的基因传承，深刻认识农机化在中华文明延续中的基础性作用。

二、“时代变革 兴盛农机”传承文化活动

党支部打造“三史融合”教育工程，系统学习农机高等教育发展史，重点梳理学校农机专业创建以来的育人成果；深入研究农机科研创新史，剖析从手扶拖拉机到智能联合收割机的技术突破路径；全面回顾农机工业振兴史，展现从引进消化到自主创新的产业升级历程。特别是结合1959年毛主席重要指示精神，依托“农机人说农机事”访谈录、老教授口述史等载体，挖掘农机教育工作者“扎根田野、服务‘三农’”的精神谱系，构建起“理论教学、实践创新、产业服务”的育人闭环。

三、“无界畅想 未来农机”农机文化畅想

党支部构建“创新生态”培育机制。以展示馆“智慧农业”展区为依托，系统学习物联网、区块链在精准农业中的应用案例；通过“院士大讲堂”等学术活动，深度研讨农业机器人、氢能源农机等前沿技术发展趋势；组织“未来农机设计师”工作坊，引导师生围绕“碳中和目标下的农机转型”等课题开展跨学科研究。特别是注重将农机文化创新与乡村振兴战略相结合，通过“农机+文旅”融合模式研究，探索农机文化赋能乡村产业振兴的新路径，为培养适应未来农业发展的复合型人才提供创新平台。

第二节　教师党支部育新农人党建品牌的创建

一、新时代高校党支部品牌创建的战略价值

1. 发挥堡垒作用，争当先锋模范

融合品牌与党建工作，有利于发挥高校基层党组织的战斗堡垒作用和党员的先锋模范作用。融合品牌化建设路径需要基层党组织明确创建目标和任务要求，以高质量党支部组织生活为起点，在“知不足”中促使党支部、党员自我完善，增强师生的积极性、主动性、创造性，从而凝练品牌特点，提升高校党建工作的创新性和影响力。以此推进高校党建创新，提高广大师生对党建工作的认同度，进一步增强党支部的组织力、凝聚力、战斗力，从而提高党支部整体服务水平。

2. 筑牢思想之魂，培育新农人才

高校中心工作是培养人才，基层党建需将具体工作落实在教书育人之中。江苏大学以立德树人为根本，以强农兴农为己任，以思政育人为抓手，牢牢把握育人方向；以习近平新时代中国特色社会主义思想为指导，引领学生筑牢理想信念，树牢正确价值观，引导学生树立家国情怀，立志用所学、所长服务国家和人民；以新农科建设为统领，牢固树立面向新农业、

面向新乡村、面向新农民、面向新生态的“四个面向”新理念，培养知农爱农、强农兴农、德才兼备的拔尖创新人才。

3. 着眼特色品牌，深化“双融双促”

党建与业务融合是总结汲取党百年艰苦奋斗历史经验的实践成果，是检验新时期高校党建工作开展成效的一项重要指标。党建品牌理念越来越多地被引入高校党支部党建的实践中，成为积极探索党支部党建工作的新机制、新抓手、新举措。要发挥高校的学科优势，推动党支部党建创新，创建具有自身特色的党支部品牌，将党建理念和业务提升引入高校科研工作各环节，促进党建与科研、育人主业的深入融合推进，在具体的党建活动中充分发掘党建工作的优势，使高校党建工作下得了“实功”，看得见“实效”，展现出“实绩”。

二、新时代高校党支部品牌创建面临的困境

1. 党建品牌重模仿而缺创新

党建品牌创建的灵魂是创新，缺乏创新的党建品牌很难长远发展。在实际工作中，部分党支部在党建的思维角度、工作方式等方面缺乏创新，在品牌建设过程中盲目模仿成功经验，缺乏系统性的党建品牌创新研究，对于自身党支部的独特内涵、核心价值的思考未达到相应水平。在顶层构思设计中忽视了自身党支部的历史发展与现实情况的独特性，导致出现党建品牌建设与其他工作平行发展的现象，仅狭义地着眼于趋同性较高的党建活动，将“三会一课”等需要按要求开展的组织生活打造成党建品牌。

2. 党建品牌重党建而缺实效

高校肩负着培育社会主义建设者和接班人的重要使命，要坚持实施育人和育才相统一的人才培养方案，各党支部要推动党建工作和业务工作目标同向、部署同步、落实同力，实现高校党建育人功能。就高校整体工作角度而言，各党支部之间存在着必然联系，基层党支部品牌创建需党支部之间协力合作，形成上下联动、分工负责、共同推进的党建工作格局，实现党建品牌资源整合以服务人才培养。然而，高校基层党支部普遍区分为三大类，即学院教工党支部、机关教工党支部及学生党支部，各支部所负责的主要工作有所差异，各支部党建工作虽然多元化、多样化，但彼此联动较少，缺乏合作。

三、我国农业机械高校教育战略举措建议

1. 加强农业机械科技创新

高校要加强农业装备基础理论、行业关键与核心技术突破研究，加快现代生物技术、信息技术、工程技术及其他新兴科技与农业科技的深度融合，重点突破农业标准化、农业大数据与信息化、智能农机装备与制造、食品制造等关键技术，研发成套装备。

2. 加强农业机械专业与学科建设

一方面，强化“涉农”学科链建设，加强农学、农业工程、食品科学与工程、环境科学与工程等涉农学科与生命科学、信息科学、社会科学的深度融合，升级改造现有涉农学科专业。

另一方面，进一步加强交叉学科建设，加快建设生物技术、智慧农业、农业遗产、休闲农业、共享农业、航天农业、互联网农业以及农业新能源与新材料等新兴学科，发展新兴涉农专业。

3. 大力推动农业机械化创新人才培养

围绕国家一流专业建设，打造一批农业机械化本科专业；大力培育新时代急需的互联网农业，以及农业新能源与新材料等专业人才；建设一批线上线下农业机械精品课程；推动科教结合、产教融合、协同育人模式创新，创新搭建智能农业装备大赛等若干学科竞赛平台，激发学生对农业机械的兴趣，大力提升学生的动手实践能力和综合能力素质；搭建一批科教结合型人才培养基地，加强与农业机械行业骨干企业的深度合作，建立教学、科研、人才培养等方面的合作机制；大力实施农业机械卓越人才培养，推进农业机械本科生研究型培养，加强农业机械硕士、博士和博士后培养，为发展高端、智慧农业提供人才支持。

4. 大力实施农业机械化国际产能合作

一方面，抓住“一带一路”倡议机遇，同共建“一带一路”国家和高校开展全方位的农业机械国际合作。建立“一带一路”人才培养学院，助力中国涉农高校成为共建国家留学生、高校教师来中国学习和从事农业机械科研的重要目标高校；建立“一带一路”产学研究院，开展面向共建国家的农机培训班，加强我国技术输出和产品输出。

另一方面，推进同农业机械发达国家的全方位科技合作。加强国际农

业机械人才培养双向建设，大力选送学生赴海外留学，大力吸纳发达国家学生来中国学习、交流和从事博士后研究；加强国际产学研平台建设，共建联合实验室，联合申报国际合作项目，举办大型国际会议，大力引进全球农业机械高端人才，全面提升农业机械高等教育的国际化水平和能力。

5. 大力推进农业机械化战略研究

加强农业机械化发展高端智库建设，各高校根据自身情况设立农业机械战略研究院，强化国家级新农村发展研究院内涵建设，提升智库服务国家战略水平；大力开展农业企业面向共建“一带一路”国家“走出去”战略实施路径研究，完善农业机械科技成果转移转化机制，探索智慧农业、绿色农业等建设发展路径，健全农机社会化服务机制等。

第三节　教师党支部“田野上的思政课”党建品牌

一、“田野上的思政课”党建品牌实施背景与创新举措

1. 党建品牌建设背景与动因

高校思想政治工作是坚持党的全面领导的核心阵地，是落实立德树人根本任务的关键环节。农业工程学院收获院教工党支部始终牢记“为党育人、为国育才”的初心使命，以“知农、爱农、强农、兴农”为价值追求，积极探索“党建引领学科发展、业务反哺组织建设”的“双融双促”路径。当前基层党组织建设面临双重挑战：一方面，部分党支部存在党建与业务“两张皮”现象，组织生活吸引力不足；另一方面，党员参与度与履职能力有待提升。这些问题既制约了党组织战斗堡垒作用的发挥，也影响了“三全育人”综合改革的深入推进。

2. 党建与业务“双融双促”工作机制构建

针对上述问题，党支部通过制度创新和实践探索，构建起“三抓三强”工作体系：

(1) 抓班子建设，强履职能力。首先，实施“头雁领航”工程，建立支委任期目标责任制，推行党建工作承诺践诺制度，将党支部建设成效纳

入年度考核体系。其次，完善培养机制，采用“导师制+项目制”培养模式，通过以老带新、现场教学、专题研修等方式，提升支委班子的政治领导力、组织协调力和创新发展力。最后，强化作风建设，设立“党员示范岗”，将党支部打造为师德师风建设的前沿阵地，培育“田间课堂”实践育人品牌。

（2）抓组织生活，强教育实效。加强规范化建设，严格执行“三会一课”全程纪实制度，建立“会前报备、会中纪实、会后归档”的闭环管理机制。创新教育形式，开发“沉浸式”组织生活模式，将理论学习与田间实践相结合，创设“农机发展论坛”“红色农耕故事会”等特色活动。提升党员参与度，推行党员“轮流主持制”，通过情景模拟、案例教学等方式增强互动性，使组织生活真正成为思想交流的平台、能力提升的载体。

（3）抓“任务分包”，强作用发挥。创新实施“业务包”认领“双融双促”工作机制。党支部以“双带头人”工作室为平台，一方面，根据党支部党建工作任务与支部成员的个人专长，制定党建“业务包”，充分发挥党员在党建工作中的作用，定期展示党支部工作成效，营造争先创优的浓郁氛围。另一方面，分方向、分任务、分资源对党支部党员职称晋升、项目申报、学科报奖开展互帮互助、分类施策，着力提升党建业务融合效能。

本支部通过构建“双融双促”机制，有效破解了基层党建“虚化、弱化、边缘化”难题，实现了党建工作与学科建设的同频共振。

二、教师党支部构建特色党建品牌的内涵

1.“三全育人”视域下的价值引领

构建“三全育人”工作体系。党支部始终将立德树人作为根本任务，建立“课程、科研、实践、文化四位一体”的育人机制。通过十大育人体系建设，将“三全育人”体制机制优势转化为育人效能，助力农业工程一流学科建设，推动农业工程进入全球前千分之一行列，实现“新农科”“新工科”融合发展。深化产教融合协同育人。创新“高校、科研院所、企业”三方联合培养模式，与农机行业建立战略合作伙伴关系。通过田间课堂、企业实训等实践平台，培育研究生知农爱农情怀，打造农业工程领域复合型人才培养高地。

2. 科研攻关中的使命担当

聚焦农机化关键领域，开展科研攻关，以习近平总书记对我校重要批

示精神为指引，锚定农业机械化补短板、攻核心、强智能三大方向。通过“揭榜挂帅”等机制，组织党员骨干攻克智能农机装备、精准农业技术等“卡脖子”难题，助力学校“双一流”创建。强化科研育人价值导向，将科研攻关与人才培养深度融合，在重大项目中设立研究生创新岗，引导学生在解决实际问题中锤炼本领。建立“科研反哺教学”机制，将最新科研成果转化为教学案例，培养学生科技创新能力。

3. 思政科研的品牌塑造

作为学校“三全育人”综合改革优秀导师团队，本支部打造思政科研创新平台，构建“党建、科研、育人三位一体”工作模式。党员教师带头践行“把论文写在大地上、把成果留在农民家”的理念，在实验室与田间地头搭建“移动思政课堂”，将科研攻关过程转化为理想信念教育的实践场景。构建产学研协同育人机制，以赵亚夫种植基地、地方现代农业园等实践平台为依托，开展“越光稻机械收获”等特色科研项目。通过“项目+支部”共建模式，将解决技术难题与培育“懂农业、爱农村、爱农民”的新时代人才有机结合，形成“田间课堂、技术攻关、成果转化”的闭环育人体系。

本支部通过深化内涵建设，形成了“价值引领、科研攻坚、品牌塑造”的特色发展路径，实现了党建工作与育人、科研的深度融合。未来将继续以习近平总书记关于“三农”工作的重要论述为指引，在服务乡村振兴战略中彰显高校基层党组织的时代担当。

三、“田野上的思政课”党建品牌的育人使命

“田野上的思政课”党建品牌承载着培育兼具深厚农业情怀与卓越专业素养的农机人才的重任。本支部以思政教育为贯穿始终的“红线”，通过一系列联合举措，将思政元素巧妙融入人才培养的各个环节。党支部积极构建“科研—行业联合—人才培养”这一“三位一体”科研运行模式，深化农机人才培养“三下”观（下田间、下车间、下实验室），将支部战斗堡垒设在产业和田间，深情书写“农”字文章。

1. 校企思政联动，锻造产业服务“尖兵”

与行业优质企业深度联合，不仅仅引入带来实践经验与前沿认知的企业顾问团队，更在合作中融入思政教育。企业导师结合实际生产案例，讲

述农机人在田野一线践行社会责任、服务“三农”的故事，让学生深刻领悟农机产业对国家农业发展的重要意义。从入校起，学生便在思政引领下，带着使命感精准对接产业需求，成长为能在田野间挥洒汗水、为农机产业发展贡献力量的专业人才。

2. 深耕内部党建，夯实思政育人根基

整合支部内部力量，全力打造富含思政底蕴的党建文化。定期开展的党建活动紧扣农机专业特色，如以“农机发展历程中的红色精神”为主题进行研讨。在这样的氛围中，受教育者会筑牢理想信念，深刻理解自身在农机领域的责任担当，科学育人方向在浓厚的思政氛围中会愈发坚定，确保每一位学生在成长路上都有正确的思想指引。

3. 拓展思政平台，促进学生全面提升

积极整合各类平台资源搭建交流空间，在交流互动中融入思政教育。组织学生参与以“田野上的创新与责任”为主题的线上线下交流活动，发挥党员模范带头作用，激励学生在探讨农机发展前沿问题时，思考如何将个人成长与国家农业发展相结合。在提升学生综合素质的同时，培养学生的团队协作精神与社会责任感，让思政教育在互动交流中深入人心。

4. 携手龙头攻坚，培育科研领军人才

与行业龙头企业合作开展科研项目攻关，在科研实践中融入思政教育。当学生参与高端科研项目时，导师引导他们学习老一辈农机科研工作者扎根田野、无私奉献的精神，培养其创新思维与卓越才能。学生在攻克科研难题的过程中，将个人科研追求与强农兴农使命紧密相连，成长为农机领域的拔尖人才，为农业现代化提供强大科研支撑。

5. 建强党建平台，厚植知农爱农情怀

借助党建平台丰富资源，创新学习形式，强化思政教育效果。开展“田野上的思政课堂”线上直播课程，邀请农业专家讲述农业发展中的感人故事；组织线下实地参观红色农机博物馆等活动。通过持续深入的学习，师生党员坚守知农爱农初心，积极践行强农兴农使命，将个人成长深深扎根于国家农业发展的广袤田野之中。

通过上述一系列举措，本支部育人工作成果显著。新建 1 家研究生工作站，聘请 3 位企业导师，育人力量得到充实，育人平台得以拓展。“田野上的思政课”党建品牌为培育一流农机人才的目标筑牢了坚实基础，让思政教育的种子在田野间生根发芽、茁壮成长。

四、“田野上的思政课”党建品牌的实践路径与成效

培育创新党建品牌是基层党组织凝聚力量的关键手段，也是筑牢党的领导坚强战斗堡垒的有效途径。本支部构建“双融双促”工作体制，创新“双带头人”工作模式，坚守农业根基，巩固农业根本地位，打造“田野上的思政课”党建品牌，充分展现我校“以工强农、以融兴农”的工科涉农人才培养体系。这一党建品牌不仅为高校基层党建品牌建设提供了有益参考，还大力推动了本支部的组织建设和党员队伍建设，以其强大的凝聚力和号召力，持续深化党建品牌创新实践。

2022 年 5 月 25 日，本支部带领农机学生前往镇江市世业洲开展田间收获现场教学，开启了在田间地头为农机研究生和本科生讲授思政课程的征程。学院通过这样的方式，着力培育学生知农、爱农、为农的情怀，引导他们成长为能担当强农兴农使命的新时代“新农人”。早在 2021 年 3 月 26 日，江苏大学党委理论学习中心组就带领本支部及农业工程院农机专业本科生走进句容市戴庄村，开展“学习百年党史助力乡村振兴”活动。活动将党史学习教育融入实践，与贯彻落实习近平总书记对学校重要批示精神紧密结合，巩固深化“不忘初心、牢记使命”主题教育成果，推动党史学习教育走深、走心、走实。

为培育具备“知农爱农初心、强农兴农本领，践行助农为农行动”的一流农机人才，本支部多管齐下共育“新农人”：联合企业顾问，深化合作层次，致力于培养契合产业需求的农机人才；整合内部力量，强化支部党建文化建设，确保人才培养方向的正确性与科学性；借助平台资源，加强交流互动，发挥模范引领作用，促进学生共同进步；携手龙头企业，提升科研能力，共同攻克难题，培育拔尖人才；依托党建平台，增强学习实效，保证党员坚守初心、践行使命。目前，“田野上的思政课”党建品牌已在学生培养过程中逐步得到推广应用，成效初显。

1. 依托“高良润”实验班开展以创新创业能力为导向的赛教融合，成效显著

2021 年，学校依据“以人为本、因材施教”的原则，从本科农业机械化工程、设施农业、农业电气化专业选拔 20 名本科生组建江苏大学“高良润”实验班一期，旨在深入贯彻习近平总书记关于高等教育事业的重要论

述，培养创新型人才。通过探索并实施以创新创业能力为导向的“以赛促学”赛教、产教融合培养模式，对学生进行成绩摸底、专长挖掘、兴趣试探等多维度指导，精准勾勒每个学生的画像。同时，成立学习提升、科研创新、竞赛争优等兴趣小组，对全班学生进行“分类互助”式培养，成功实现班级科研全覆盖、奖学金全覆盖。“高良润”实验班以“耒耜传承，良润精神”为班魂，传承农机文化，弘扬高良润先生的精神，切实为专业留住人才、为行业培育人才、为企业输送人才，有力地践行了“田野上的思政课”党建品牌在人才培养方面的理念。

2. 依托校企合作，产教融合，“一人一师”拔尖人才培养成果初现

面对乡村振兴中基层农业人才匮乏、半数毕业生不愿“务农”的现实困境，本支部通过“讲好田野上的思政课”，着力培育学生“知农爱农、强农兴农、学农为农”的情怀。在农机人才培育过程中，采用“因材施教、分类培养”模式，开展涉农专业强农兴农拔尖人才培养工作。具体而言，通过精准施教，激发学生兴趣爱好，挖掘学生潜能；通过精准引领，帮助学生树立远大志向，塑造卓越人才；通过开展“践行农机使命再出发”活动以及田间思政课品牌创建与实践活动，培养一批具有“知农爱农”情怀、“强农兴农”本领的时代担当者。这一系列举措充分发挥了党建品牌在引导人才投身农业领域、助力乡村振兴中的积极作用，为解决农业人才短缺问题提供了有效路径，也进一步彰显了“田野上的思政课”党建品牌的实践价值与社会意义。

案例一：任辉，江苏大学农业工程学院农业机械化及其自动化专业2017级本科生，“江苏省最美大学生”获得者。他热心知农爱农文化实践，潜心智能农机装备研究。在江苏大学就读期间，他是同学眼中的“科研学霸”“竞赛达人”“科技转化小能手”，以第一作者或核心成员身份发表SCI论文5篇，授权实用新型专利8项，实审发明专利4项。先后获第十届全国大学生数学竞赛（2018年11月）一等奖、“中联重科”杯全国大学生智能农业装备创新大赛（2019年11月）全国一等奖、高教社杯全国大学生数学建模竞赛（2019年11月）全国二等奖、第十三届大学生创新创业年会（2020年10月）“最佳创意项目奖”、第八届全国大学生农业建筑环境与能源工程相关学科专业创新创业大赛（2020年12月）二等奖、“中联重科”杯大学生智能农业装备国际创新大赛（2020年12月）二等奖、国家奖学金（2020年12月）等荣誉。

案例二：于瑶，农业机械化及其自动化专业2020级本科生，曾任农业工程学院团委学生副书记，于2024年保送南京航空航天大学硕士研究生。先后获校一等奖学金、涉农一等奖学金、“求是”校长奖章、江苏省优秀学生干部称号、校社会实践先进个人称号等荣誉。获国家级学科竞赛奖6次，主持科研立项等课题3项。发表SCI论文4篇，授权实用新型专利3项，发明专利2项，实审发明专利2项。

案例三：郝帅华，农业机械化及其自动化专业2019级本科生，于2023年保送中国农业大学研究生。获国家奖学金、涉农一等奖学金、江苏省三好学生、“博学”校长奖章等国家级荣誉18项、省级荣誉7项、校级荣誉30余项。获评“全球胜任力研学”文化交流优秀学员。主持国家级大创项目1项、校级科研项目2项，发表SCI期刊论文3篇，申请专利8项，软著1项，参与校级竞赛9项。

案例四：王成，农业机械化及其自动化专业2019级本科生，于2023年保送西北工业大学研究生。他总修71门课程，其中100分4门，95分及以上34门，90分及以上50门；连续两学年专业绩点排名第一，分别为4.27、4.29，总绩点4.06（等效于平均分90.6）。此外，他还获“西门子杯”中国智能制造挑战赛国家特等奖。

案例五：郭松宝，农业机械化及其自动化专业2020级本科生，于2024年保送中国农业大学研究生。获第十六届“高教杯”全国先进成图技术与产品信息建模创新大赛一等奖、第十五届全国三维数字化创新设计大赛一等奖、第八届国际大学生智能农业装备创新大赛一等奖等，主持的国家级大创项目入选第十六届大学生创新创业年会。

第九章　涉农地方高校党支部党建业务“双融双促”工作机制

第一节　高校党建与业务“双融双促”的内涵

习近平总书记强调：“党的工作最坚实的力量支撑在基层，经济社会发展和民生最突出的矛盾和问题也在基层，必须把抓基层打基础作为长远之计和固本之策，丝毫不能放松。”高校党委应加强制度设计，全面落实新时代党的建设总要求和党的组织路线，深入推进基层党组织建设，以高质量党的建设引领思想政治工作。近年来，高校党建与人才培养、科研工作、学科建设等内容常常“各自为政”，存在“两张皮”的现象，党建工作没有得到应有的重视①。高校基层党支部需要坚定不移地贯彻习近平总书记在全国高校思想政治工作会议上的重要讲话精神，落实立德树人根本任务，构建“三全育人”大格局，发挥“双带头人”的“头雁效应”。

实施“双融双促”工作机制，要在开展跨单位合作项目的过程中始终坚持扛好党的旗帜，体现党的存在，发挥党的作用。

一、高校党建与业务“双融双促”工作机制的定义

“双融双促”是“双融合、双促进”的简称，在新时代党建工作中被广泛使用，是新时代党的建设领域中的高频词汇，可以简单将其解释为两个事物之间通过相互融合、相互影响，实现相互促进、相互优化的一种状态或过程。所谓机制，简单来讲是指事物变化的规则和原理，具体来讲是指为实现某一特定功能，一定的系统结构中各要素的内在工作方式及诸要素在一定环境条件下相互联系、相互作用的运行机制。因此，新时代高校党建与业务“双融双促”机制并不是党务和业务的合并处理，也不是组织、人员、资源的机械相加，更不是强化党务、弱化业务，而是在党对高校各项工作全面领导的新时代，促使高校党建与业务二者相互融合、相互影响，在共同的使命感召下促进体制机制创新和工作行为增效，实现资源优化配置和业绩实质性提升，最终实现相互促进、相互优化的运行规则和原理。

① 张发苏，欧莉．当前高校党建与业务融合发展工作难题及对策研究［J］．高教学刊，2021，169（11）：177-180.

二、高校党建业务“双融双促”机制内涵的“六个维度”

习近平总书记强调：“要处理好党建和业务的关系，坚持党建工作和业务工作一起谋划、一起部署、一起落实、一起检查。”这里讲的就是要将党建工作与业务工作融合开展，实现党建与业务的双融合、双促进。习近平总书记指出：“各级各类学校党组织要把抓好学校党建工作作为办学治校的基本功，把党的教育方针全面贯彻到学校工作各方面。”这里讲的则是要以党建为引领，找准党建工作与业务工作的融合点，形成优势增倍的效果。

结合新时代高校党建工作与业务工作的主要内容，科学构建新时代高校党建与业务“双融双促”机制。该机制的内涵主要聚焦“六个维度”：一是以树立党建与业务“双融双促”理念为追求，全面消除思想认识误区；二是以开展大学习、大培训为方法，切实强化党员领导干部“融合党建”的意识，提升其素养；三是以“融合党建”各类项目评选创建为抓手，促进党建与业务深度融合，实现共同发展；四是以深化“不忘初心、牢记使命”主题教育与党史学习教育为举措，破解基层党建“两张皮”问题，实现党建与业务的和谐共生；五是以实施基层党组织“对标争先建功新时代”行动计划为途径，切实发挥先进基层党组织与优秀个人在党建与业务方面的示范引领作用；六是以建立“党建与业务”考核实施办法为手段，促进党建特色品牌的培育，实现党建与业务的同部署、同考核、同发展。

第二节　高校实现党建与业务“双融双促”的重要意义

一、推动高校高等教育事业高质量发展

为推动高校各级党组织党建工作全面提质创优，针对高校党建中重业务轻党建、党建和业务“两张皮”等突出问题，结合新时代党的建设总要求，探究高校党建与业务“双融双促”机制，实现党建与业务的融合发展，是破解高校党建突出问题的有效举措，是推动高校教育事业高质量发展的

重要保障。实现党建与业务的“双融双促”，对落实立德树人根本任务、开创高校“三全育人”新局面、全面提升高校育人能力、全面加强高校党的建设以及科学做好育人工作都有重要意义。

1. 有助于落实立德树人根本任务

党建工作的有效开展，能够发挥政治引领作用，为落实立德树人根本任务保驾护航，为学生营造良好的校园学习氛围，对于不断提升高校综合办学质量具有积极促进作用。党中央一直高度重视高校党建工作，对高校党建做出了一系列布置，要求高校基层党组织充分发挥战斗堡垒和政治引领作用，确保党的教育方针能够在学校办学实践中得到有效落实。在高校所开展的各项管理活动中，业务工作是对党的教育方针的具体落实，与党建同向同行。因此，积极将高校党建和业务工作深度融合具有重要的现实意义，有助于落实立德树人根本任务，促使高校的办学质量不断提升。

2. 有助于提高学校的管理效率

在高校党建和业务工作开展过程中，如果两项工作无法实现深度融合，不仅会浪费学校有限的教育资源，也会影响学校的管理效率。当前，高等院校为了适应新形势下激烈的竞争、向社会提供更优质的教学服务、提高学校的综合办学实力，必须严抓教学管理，也必须依靠党建工作来促进学校各项业务工作的有序开展。因此，高校党建和业务工作的深度融合，可以有效提升学校各部门的管理效率，也能使学校党建部门和业务职能部门密切配合，共同做好育人工作。

3. 有助于提升党建工作实效

党建工作的有效开展，对高校发展能够产生积极的推动作用。随着各级党委对党建工作重视程度的不断提高，借助党建和业务工作的深度融合，可以创新党建工作开展的形式。促进党建和业务工作的深度融合，有助于业务部门在具体工作中充分落实党建的具体要求和部署，进而提升高校党建的实效。

二、推动高校“双融双促”工作机制高质量开展

1. 促进高校党的建设

“双融双促”机制有利于高校党的建设进一步加强，在育人事业中的政治核心作用进一步凸显；有利于高校党委更好地落实立德树人根本任务，

提升党建引领高校育人事业发展的水平，为实现“三全育人”提供强大动力；有利于充分发挥高校基层党组织战斗堡垒作用，让基层党组织焕发强大组织力；有利于高校师生党员干部充分发挥先锋模范作用。

2. 促进高校业务工作

“双融双促”机制有利于提升学科建设整体水平，促进专业设置更加科学合理；有利于扎实做好教学科研、服务管理，不断提升办学水平与服务质量；有利于高素质师资队伍建设，促进更高水平人才培养体系的形成；有利于传承红色基因，弘扬校园文化正能量，助推高校营造良好的政治生态；有利于高校深化教育教学改革、全面提高高等教育工作质量；等等。不难看出，党建为业务工作提供指引和保障，业务工作使党建有所依托。明确实现高校党建与业务“双融双促”的重要意义，能够切实为科学探究“双融双促”机制提供充盈动力。

第三节　高校实现党建与业务工作深度融合的策略

高校要贯彻落实《中国共产党普通高等学校基层组织工作条例》，推动高校党的建设与高等教育事业发展深度融合，以高质量的党建引领高校实现高质量发展。促进高校党建和业务工作深度融合，要准确把握党建与业务工作之间的关系，加强党建干部队伍建设，建立完善的管理与评价机制。

1. 准确把握党建与业务工作之间的关系

为适应高等教育的发展形势，高校在积极推动党建与业务工作融合的过程中，需理顺党建与业务工作之间的关系。从直观上看，高校党建工作属于政治工作范畴，业务工作属于实务范畴，两者虽然工作方式、工作对象、工作内容存在差异，但都是“以人为本”。因此，高校应该平衡党建和业务工作的发力点、着力点，以促进高校大学生健康成长和全面发展为共同目标，围绕相互促进、相互发展来开展一系列工作，使党建工作能真正发挥实效，让两项工作密切联系起来。

2. 不断加强党建干部队伍建设

党建工作的专业性对党建干部的数量与素质提出了较高要求。只有大批优秀的党建干部积极投身党建工作，才能有效促进高校党建与业务工作深度融合。为实现这一目标，高校需将党建干部队伍建设作为一项重要工作，根据学校党建工作开展的需要，做好党建机构和人员配置，合理确定专职干部和兼职干部的人员比例。

一方面，使专职干部和兼职干部能互相配合，共同做好党建工作，同时积极做好优秀党建干部的引进工作，优先引进具备思想政治教育专业背景的优秀人才，充实党建工作队伍。另一方面，在高校内部要不断加强对党建工作人员的理论培训，积极推动党建干部与各职能部门工作人员加强交流，使他们能熟悉彼此的工作，从而在充分了解高校党建和业务工作现状的基础上，全面提升党建工作的有效性；借助两项工作的深度融合，实现学校教学管理水平的不断提升，为高校实现跨越式发展奠定坚实基础。重点对交叉任职的党建干部进行有针对性地培养，他们不仅熟悉党建工作，对业务工作也有深入了解，对这部分干部进行重点培养，能够充分发挥出交叉任职干部的优势，有效推动高校党建和业务工作的深度融合，提升高校党建工作的实效性。

3. 健全党建与业务工作深度融合的制度

在高校的教学管理实践中，推进党建与业务工作深度融合需要以完善的制度和机制作为保障。高校要积极做好政策研究，在推进学校党建与业务工作融合的进程中，将机制建设作为一项重要的工作来抓。高校要在推进此项工作的过程中发现和挖掘表现优秀的典型人物，并积极推广其先进经验。在制度建设过程中，要特别注意不断加大基层党组织与业务部门的联系与合作力度。一方面，使党建工作真正与学校各业务部门的日常工作密切结合；另一方面，要以明确的制度推进党建与业务工作的融合，党务部门与业务部门要定期做好沟通与联系，共同研究重大问题，使学校党建和业务工作能够同步开展。

4. 不断完善评价机制

新时代背景下，高校党建和业务工作的深度融合要想发挥出更理想的作用，需要不断完善现有的评价机制。一方面，高校党建和业务部门都要结合自身的特点，各自制定出完善的考核体系，加速双方相互渗透、充分融入，使党建工作能够真正发挥出自身价值。另一方面，也要借助对现有评价机制的不断完善，进一步明确考核指标、丰富考核内容，将考核结果与高校教师的个人发展密切联系起来，不断提升管理活动的有效性。

第四节　高校基层党支部“双融双促”工作机制的内容

高校思想政治工作事关党对高校的领导，事关社会主义办学方向，事关意识形态安全。基层党支部是党组织建设的前沿阵地，做好党员思想工作的关键在支部，党内基本制度的落实也在支部。农业工程学院收获装备研究院教工党支部自成立以来始终坚守知农、爱农、强农、兴农的初心使命，秉持“践行农机使命再出发，讲好‘田野上’的思政课”的理念。本支部党建工作以提升组织力为重点，通过加强自身建设，紧扣学科特色打磨队伍，有效激发了高校基层党组织新的活力。然而，目前基层党支部普遍存在党建与业务工作融合难的问题，基层支部党建活动较多但党员参与力度不大，相当程度上制约了基层党支部党建与业务工作的融合发展。

一、高校基层党支部党建与业务“双融双促”的工作背景

意识形态关系着一个国家、一个民族的生死存亡。进入新时代，高校作为培养社会主义有责任、有担当的合格接班人的阵地，意识形态工作的地位越来越高，高校有责任、有义务发挥意识形态主阵地作用。因此，高校基层党支部应始终坚守知农、爱农、强农、兴农的初心使命，秉持“践行农机使命再出发，讲好‘田野上’的思政课”的理念，党建工作以提升组织力为重点，通过加强自身建设，紧扣学科特色打磨队伍，有效激发高校基层党组织新的活力。

二、高校基层党支部“双融双促”工作机制解决的难题

1. 如何提高支部履职意识和能力

加强党支部建设，必须选好配强支部委员，提高党支部书记和党支部委员的履职能力。通过建立党建工作承诺践诺、目标考核、述职评议等机制，牢固树立抓本支部建设的“主业”意识。要强化党支部班子教育培训，采取以老带新、以会代训、现场交流、定期集中培训等多种形式，切实提高党支部的履职能力、带动能力和创新能力。要强化党支部作风建设，把

党支部打造成为高校作风建设的“示范基地”。

2. 如何不断提升“三会一课”质量

基层党支部要运用好“三会一课”这一有效载体，明确“三会一课”的内容和时间要求，按时召开好“三会一课”。要严格执行“三会一课”全流程管理，做到会前实行报告制度，会中严格流程标准，会后推行痕迹管理，及时收集好相关资料。结合本单位、本部门的实际，开展互动式、情景式“三会一课”，让党支部书记台上愿意讲、党员台下愿意听，使“三会一课”真正火起来、红起来。

三、“双融双促”出台的重要政策、重点举措

1. 本支部党建与业务融合的重要政策

为更好地实现党建与业务的融合，本支部严格执行“双周三”政治学习规定。本支部在“双周三”的学习中采用“1+1+1”学习模式，即第一阶段开展政治学习和时政学习，第二阶段开展新进教师的学术沙龙，第三阶段邀请老教授来本支部开展科研教学等经验交流，既注重政治学习与业务学习的共同开展，又可以在业务学习中寻找思政的元素。打造“思政科研”，从科研中总结思想元素作为典型案例进行汇总。同时，在每个导师所带研究生中选聘1名党员作为课题组研究生联系人，让每个导师手下都有1名党员在倾听学生内部的声音，也能及时反馈课题组内部的问题。建议学院发展党员时对超10名研究生的导师团队进行优先考虑，确保每个大团队导师手下至少有1名党员研究生。

2. 建设“双带头人”“头雁效应”的重要举措

本支部推行“双带头人”制度，不仅要求本党支部书记达到相应标准，本支部党员也要达到“双带头人”标准。本支部党员在努力推进本支部政治建设、组织建设、作风建设和纪律建设的同时，积极实施“对标争先”双带头建设计划，将每个党员近三年在职称晋升、硕导（博导）晋升、申报基金项目、学科报奖等方面的需求进行分类，让每个党员在需求上下功夫，通过本支部共同努力的方式分方向、分人头、分资源进行侧重打造，这样既解决了本支部党员的当前困难，也提升了本支部党员的业务水平，真正做到党建与业务共同发展。通过一年努力，本支部取得显著成效，晋升硕导3人、博导1人、副高2人，获批省部级项目6项，同时在农业农村

部补短板课题中也取得了重大突破。

3. 规范党员教育及特色思政课的重要举措

在上级党委的精心指导和严格要求下，本支部每学期组织多次书记党课及专题教育，进行学习宣传和对相关精神的贯彻。本支部拓展教育形式，通过“共产党员网”“江苏先锋网”“学习强国”，以及QQ、微信网络交流平台等多种形式开展教育，内容丰富，确保党员教育真正发挥作用，有效提升全体党员的政治素质。

本支部牢固树立“四个意识”，坚决践行“四个服务”，振奋精神，锐意改革创新，服务于国家和人民的事业。在2020年新冠疫情期间，为高考学子开展“千里助学”活动，帮助因疫情影响学习的偏远地区的学子们。开展走进社区防诈骗安全知识宣讲活动，增强学生服务人民的社会责任感。

本支部为深入贯彻落实习近平总书记关于大力推进农业机械化、智能化的重要论述，以党的政治建设为统领，以立德树人为根本，以强农兴农为己任，着力培养具有“知农爱农初心、强农兴农本领、助农为农行动”的一流农机人才。通过开展“五联合、五带领、五精准”三个层面工作，将科研创新和人才培养深度融合，充分发挥党员先锋模范作用、党支部战斗堡垒作用。为加快推进江苏大学“双一流”创建，为农业工程学科早日进入“一流”学科行列，“取经”、炼志，不定期开展主题教育；定期开展民主生活会，加强党员的政治学习，加强基层党组织建设，认真贯彻党的各项方针政策的学习和落实。

第五节　高校基层党支部党建与业务“双融双促”体制机制

结合守“农”根、固“农”本的重要思想，开展基层党支部党建与业务“双融双促”工作机制。一方面，将党建理念和业务提升融入科研工作各环节，深入贯彻落实习近平总书记“给农业插上科技的翅膀”重要论述精神，努力践行习近平总书记“大力推进农业机械化、智能化”重要论述，为解决农机“卡脖子”技术问题建立健全体系；另一方面，将党的建设工作系统性融入提升高校管理能力、业务提升、民生服务等工作中，将党建工作的思想、政治、组织、作风、反腐倡廉等优势，尤其是思想政治工作优势，有效转化为基层党支部的组织优势、制度优势和文化优势，有力促进高校党建的高质量发展。

一、围绕开展党建与业务“双融双促”建立党建工作体制

1. 党建与业务“双融双促”工作制度

坚持以党支部建设中存在的问题为导向开展工作，加强对党员的思想教育和政治引导，将党的路线方针政策及时传达给每名党员干部，随时掌握每名党员干部的思想动态，落实好“三会一课”、组织生活会、谈心谈话、民主评议党员等党的组织生活基本制度，创新开展“亮身份、晒承诺”“党建大家谈”等活动。抓好党务工作，建强党务工作者队伍；破解当前“骨干能干不想干、年轻想干不会干、老人会干干不动”的局面；克服党建工作不会抓的“本领恐慌”、不敢抓的“担当流失”、不想抓的“责任缺失”，严格落实“一岗双责”，形成书记、支委一级带一级的党支部工作机制。

2. 坚持制度护航

一方面，从顶层设计上明确本党支部的“政治高度”，把“本支部党建即最大政绩”的主业意识牢固树立起来；采用研究院院长担任本党支部书记的模式，确保党员对本支部工作全面参与。另一方面，通过建立年终考评及职称晋升考核机制，对党建与业务融合情况进行考核；明确党支部书记和支委责任清单，强化支部考核机制。

3. 坚持文化引领

要强化本支部党组织政治建设，必须以政治文化建设为统领，深耕厚实肥沃的政治土壤；将组织生活作为加强纪律建设的主战场，注重培养党员教师优良科研作风，并使其坚守育人底线，让党员教师画定红线、看清底线，让党员干部的思想和灵魂受到政治文化的浸润，达到推进政治文化建设、规范本支部政治生活和净化政治生态的目的。

二、“双带头人”党支部师德师风与“三全育人”建设

立德树人的内涵是人才培养，本支部始终把立德树人成效作为衡量教师业务水平的重要标准，始终以课程、科研、实践、文化、网络、心理、

管理、服务、资助、组织十大育人体系为基础，落实集院长动员体系、政策措施体系、示范推广体系、资源保障体系、评价评估体系、考核督查体系于一体的“三全育人”体制机制。

三、“双带头人”党支部贯彻落实习近平总书记重要批示精神

本支部在科学研究中始终体现“短板弱项”内涵，在习近平总书记重要批示精神的定向领航下，在深刻把握学校事业发展新机遇、新挑战、新要求的思想指引下，始终围绕农业机械化目标，补短板、攻核心、强智能，开展“095工程”建设，以只争朝夕、争创一流的精气神，坚定奋进一流的决心和信心，以钉钉子精神持续深入贯彻落实习近平总书记重要指示批示精神，始终围绕推进学校“双一流”创建和高水平研究型大学建设开展科学研究。以振奋人心的精气神、饱满热情的工作态度、坚定有力的行动魄力，奋力开创贯彻落实习近平总书记回信精神和重要批示精神新局面，为学校“双一流”创建和高水平研究型大学建设做出新的更大贡献。

第十章　涉农高校“双带头人”工作室文化及精神动力培育

第一节　涉农高校“双带头人”工作室的农耕文化内涵

一、传统农耕文化融入农业工程学科发展的价值

1. 以中华优秀传统农耕文化坚持农机特色

随着“互联网+”、物联网、大数据及人工智能等技术的迅猛发展，涉农高校要创新融入农耕文化的劳动教育的形式和手段，赋予农耕文化新的内涵价值和使命，并深入挖掘其与“四新”（新技术、新产业、新业态、新模式）的结合点，这样才能使学生成为现代农业生产需要的新型劳动者，才能实现生产目标。涉农高校学科发展要以“现代农业机械设计”为中心，强化“农机农艺融合”“农业装备智能化”两个支撑点，优化以“现代农机”为核心的高度交叉融合的课程体系，构建适应学校“农科+”“工科+”的系列特色课程模块，创建以“现代农机”为核心的一流本科专业集群。在教育教学领域中，注重传承和发展中华优秀传统农耕文化，并构建结合现代农机技术的特色教育模式，使得高校能培养出更高水平的涉农专业人才，实现农机特色教育。

2. 以中华优秀传统农耕文化承接中华文脉

中华优秀传统农耕文化既承载了绵延不绝的中华文明，也孕育了中华民族在数千年历史发展中形成的伟大民族精神。中华优秀农耕文化是道法自然的生态文化，是自强不息的奋斗文化，是同舟共济的共同体文化。中华优秀传统农耕文化在对不同历史时期其他各种文化包容吸纳的过程中，形成了坚忍不拔、胼手胝足的坚定意志，以及勤劳勇毅、自强不息的奋斗精神，为世代华夏儿女提供了强大精神动力。这是中华优秀传统农耕文化巨大凝聚力和时代化的充分体现，农耕文化的历史传承与时代发展，不仅能有效承接中华文脉，激发中华民族文化自信，而且能在实现中华民族伟大复兴的进程中发挥重要作用。

3. 以中华优秀传统农耕文化为乡村振兴赋能

涉农高校传承农耕文化是实现乡村人才振兴的重要支撑，在培育高素

质技能型人才的过程中具有不可替代的作用①。涉农高校在开展农耕文化融入学科建设的实践时，应引导学生关注文化理论、劳动实践和科学技术研究的统一，强调对待精神追求和物质享受的科学态度，并将其有机融入现有的人才培养体系。要将课程建设与乡村振兴、党史思政相结合，以形成较为完善的学科体系；将劳动教育与乡村振兴结合，以培养学生的劳动精神和创新能力；将“沉浸式”育人贯穿教学全过程，以满足乡村振兴发展对人才的现实要求。整合思想政治、社会家庭等各种资源，将农业生产与文化思想相结合，以期达到协同育人的效果，从而对文化振兴和人才振兴起到重要的促进作用。

二、传统农耕文化融入农业工程学科发展所面临的困境

1. 传统农耕文化“失声”

当前，我国高校对中华农耕文化的吸收还处于初级阶段，在高校教学体系中，农耕文化分布零散、未成体系，高校更多地强调现代农业生产技术、农业经济管理和农业科学研究等方面的内容，而对农耕文化、农业精神和农耕文明的重要性缺乏系统的讲解。学生在学习过程中更多地关注现代农业模式和技术创新，对农耕文化的了解和传承较为有限，甚至在部分高校中农耕文化“失声”或“缺位”。

2. 各行其是，融而不和

在教育内容方面，高校教师面临教学、科研的巨大压力，在课程推进上难免急功近利，进而忽略农耕文化的初心与使命，过多传授知识与技能，而忽视价值理念等育人本质的内容。加之部分教师对农耕文化的了解较为片面或肤浅，对农村生活和农业发展的认知有限，导致中华农耕文化与高校思政融合较为生硬。

3. 高校教育载体单一

中华农耕文化的内涵十分丰富，仅凭借课堂上的理论阐释是远远不够的，而当前农业工程学科与中华农耕文化的融合主要集中在课堂教学上，尚未形成线下课堂与线上课堂、“第一课堂”与“第二课堂”的教育合力。

① 杨松菊，张鑫. 高校教师党支部书记“双带头人”培育现状及其有效途径［J］. 湖南科技学院学报，2023，44（3）：117-122.

学生在教育过程中难以获得全方位的学习资源和实践机会，缺乏线上与线下相结合、理论与实践相结合的教育模式，限制了学生对中华农耕文化的全面感知和体验。

4. 网络多元思潮冲击

全球化经济发展促使各国间文化交流日益频繁，外来文化见缝插针的宣传、别有用心的包装虽拓宽了学生对地域文化差异认知的视野，但同时侵蚀了思想不够成熟、容易盲目信从的学生，对当代大学生正确传承农耕文明特色的价值观念产生了巨大影响。学生成长于互联网时代，网络上的多元文化思潮给中华农耕文化与学科融合发展带来巨大冲击，也使得中华农耕文化在高校教育体系中逐渐边缘化、淡漠化。

三、传统农耕文化融入农业工程学科发展的路径

1. 立足农耕文化，挖掘思政元素

不应仅仅使中华农耕文化作为一个文化意象存在，而是需要深入挖掘其内涵，培养与之相契合的价值理念和行为准则，从而塑造全面发展、有着健全人格的人。高校农业工程学科的发展应该充分利用农耕文化资源，加强理论研究，对中华农耕文化中尊重自然、亲睦友善、善解能容、勤俭节约等内涵进行当代化的阐释。通过思政教育的方式，讲述农耕故事，讲好农耕故事，做到言之有物、言之有理、言之有力、言之有度。

2. 结合农业特色，打造创新课程

挖掘中华农耕文化中的思政元素对于丰富高校课堂内容至关重要，如何将这些农业特色元素融入高校课程则决定了融合的最终成果。为了让中华农耕文化发挥“润物细无声”的育人效力，我们需结合学科特色，找到中华农耕文化与专业课程的联结点。教材是课程资源的核心，要想实现农耕文化与高校学科的有机结合，我们应当将挖掘出的农业特色元素有机地融入校本教材中，将那些乏味枯燥的典籍文字转化为有益有趣的教学素材。同时，高校教师应立足课堂教学主阵地，结合学科特色打造符合不同专业、不同年级学生需求的特色中华农耕文化课程，真正实现课程育人的目标。

3. 丰富教育载体，拓展育人广度

农业工程学科发展一是要构建农业教育基地，这有助于打通乡村和高校之间的信息传递渠道。以本单位史馆为例，该馆内设有集知识科普、文

化教育、文物展示于一体的农耕文化展览馆。岁月无声、历史有痕，农耕文化展馆虽然仅展现了中华农耕文化的“浮光掠影”，却可以让学生们亲身感受到农耕文化的魅力和劳动人民的智慧与力量。二是要参与乡村社会实践。历史是最好的教科书，而乡村社会实践是讲好农耕文明故事最生动、最真切的学习形式。例如，支教、调研、体验农务劳作等都是中华农耕文化与农业工程学科融合发展的实践形式。“笃行实践悟真知，载誉归来享硕果”，将农耕文化与农业工程学科的融合发展置于实践场景中，通过构建农业教育基地、参与乡村社会实践，推进校内教学与校外实践的多维融合，有利于全面推进“新农科”体系建设，拓展涉农高校的育人广度，培养出更加全面的农业专业人才。

4. 借力传播矩阵，增强融合效力

为推动中华农耕文化与农业工程学科的融合发展，可以充分利用微博、微信公众号、短视频平台等新媒体平台，制作并推送与中华农耕文化相关的内容，深入解读农耕文化内涵、展示传统农业技术的传承过程、介绍农耕文化节的举办情况等，以吸引大学生的关注和参与，通过“微内容”实现大学生的“微充电”。同时，可以通过在线讨论、问题解答、互动答题等形式，引导大学生参与思政教育，深入探讨中华农耕文化与时代发展的关系，引导大学生自觉关注并认识中华农耕文化在现代社会的价值。另外，也可以邀请相关专家学者和农村经验丰富的农民代表在线分享经验和观点，或者构建农业科技示范基地、乡村振兴示范点的“云参观平台”，打造立体“教科书”，让大学生随时随地学习相关知识并进行在线交流，促进高校教育与中华农耕文化的有效对接和深度融合。

第二节　涉农高校“双带头人”工作室的精神动力挖掘

一、支部主题党日活动与科研业务的结合模式

以主题党日活动为契机，推动科研业务的发展，让党员精神融入科研业务中，使党建与科研业务形成相互促进、相互融合、共同发展的态势。

本支部在党的先进思想指导下，依托学科优势，以“国家急需，争创一流”为目标，以“我是谁，为了谁，依靠谁”问题为导向，准确把握科研人员的初心和使命，全心全意为教育事业服务，为农业发展做贡献，培养有农业情怀的农机人才。本支部将继续夯实党建基础，不断探索党建工作新模式，打造具有行业特色的亮点品牌，用有效活动载体组织党员、凝聚职工，实现党建工作与科技发展的有机融合、同步进步。

在强化特色、争创一流，举全校之力推动农业工程学科率先创建国家一流学科的背景下，为了更好地践行习近平总书记给全国涉农高校的书记校长和专家代表的回信精神，传承江苏大学作为全国 88 所重点大学的优良传统和一流办学基因，本党支部始终坚持以立德树人为根本、以强农兴农为己任，秉承“不忘为农服务初心、培育农机一流人才”的为师理念，深入践行学校领导提出的争创一流、人人有责的思想。在主题党日活动的开展过程中，本支部始终坚守农机人的责任与担当，勇于承担历史赋予我们的光荣使命，深入学习习近平总书记的重要批示精神，在校党委的正确领导下，大力弘扬“自强厚德、实干求真”的江大精神，秉承“责任担当，创新求真，实干奉献”的农机精神。

二、践行马列主义思想，攻克科研难题

支部以马列主义思想为指导，全力推动党建工作与业务工作深度融合、同频共振。积极倡导党员立足本职岗位，投身服务“三农”事业，充分发挥党员先锋模范作用，将党员意识深植于心，并切实落实到行动上，脚踏实地成为合格党员，把“守初心、担使命、见成效”的要求真切践行于广袤的田间地头。

在团队建设方面，本支部以耒耜文化为基石强化制度建设，秉持“以人为本、人尽其才”的理念，着重建立并完善分工合作制度，大力弘扬团队合作精神。鼓励党员将个人思路与团队成员充分共享，凝聚形成统一的问题解决思路，进而催生创新研究成果，有效提升团队成员的合作能力，为后续科研工作创造更为有利的条件。

本支部全体成员锐意进取、执着创新，多年来致力于机收减损、颗粒归仓工作，攻克收获领域农业生产实践中的多个难题。通过不懈努力，成功解决一系列田间农业生产实践中的关键问题，并积极推动科技成果向现

实生产力转化。本支部突破水稻精量育种技术、降低油菜收获籽粒损失率等多项关键技术，部分成果达到国际领先水平，为农业现代化发展注入强大动力，以实际行动践行马列主义思想，攻克科研难题。

三、通过党建提出科研新方法取得的新成绩

在党建引领下，党员立足不同科研岗位，直面各种各样的挑战与难题，积极践行“以党建引领科技创新发展”理念。深入探索适配本岗位的工作路径，依据当下科研环境与形势，创新性地提出突破型科研方法，持续优化基层党组织科研工作模式。在此过程中，团队科研氛围愈发浓厚，成员间团结一心，干事创业的凝聚力与向心力得以充分彰显，形成了求真务实、积极进取的良好学习导向。党员同志以身作则，发挥突出表率作用，带领团队成员强化学习、坚定信念，携手共进、攻坚克难，切实增强了队伍战斗力与团队凝聚力，收获良好成效。

党支部从压责任、强引领、抓培育着手，团结带领党员队伍主动融入事业发展，始终致力于攻克农机行业前沿及突出的“卡脖子”技术难题，在无人驾驶联合收割机、蔬菜移栽机、葡萄采摘机器人等现代农业装备领域突破关键技术 38 项，13 项成果达到国际领先水平。由支部党员领衔研发的“一种轴向喂入式稻麦脱粒分离一体化装置”显著推动了行业产品的升级换代，荣获我国农机收获领域的首项国家专利金奖，其关键核心技术在沃得农机、雷沃重工等企业实现转化和应用，显著推动了收获机械行业的技术进步和产业升级。

第三节　涉农高校教师基层党支部文化及精神在学科中的融入

一、高校教师基层党支部新农科拔尖人才建设

以习近平新时代中国特色社会主义思想为指导，以新农科建设为统领，牢固树立面向新农业、面向新乡村、面向新农民、面向新生态的“四个面

向”新理念，完善产教融合、科教协同、校企联动、国际合作等新机制，积极探索知农爱农新型人才培养新模式，着力提升学生实践能力、科研能力和创新创业能力，为服务乡村振兴战略和农业农村现代化建设提供有力的人才支撑。

二、党支部制定“高良润”实验班优秀人才的选拔方案

高良润先生是我国农业机械学科奠基人之一，他在高等教育战线辛勤耕耘半个多世纪，为国家培养了大批优秀的高级专门人才。高良润先生先后被国家机械工业委员会授予“教书育人优秀教师”称号，被原国家教委表彰为“从事高校科研工作40年成绩显著的先进工作者”。退休后，高良润先生一如既往关注学校事业发展，心系国家科教兴国伟业。新农科“高良润”实验班以高良润先生为榜样，传承农机文化，发扬高良润先生的精神，旨在培养知农爱农、强农兴农、德才兼备的拔尖创新人才。“高良润”实验班选拔对象为涉农专业大二学生，于大二第二学期开始前进行选拔，每次选拔20人左右，探索并实践新的拔尖创新人才培养模式。

三、党支部制定“高良润”实验班优秀人才的培养方案

“高良润”实验班实施精英化、个性化培养，实行全员导师制、科研训练全覆盖，着重提升学生的综合实践能力和创新创业能力。要求实验班学生不仅要保证基础课程成绩在年级排名前40%，还要额外选修至少2门涉农课程；鼓励学生通过参加学科竞赛提高科研素养，依据兴趣和特长制订个性化培养计划，凭借该计划进入导师科研团队进行课题研究；组织学生到涉农企事业单位实习、参加涉农社会实践项目和各类志愿服务活动，强化耕读教育，厚植家国情怀，全面提升学生的农业底蕴和“知农、爱农、为农”情怀；支持学生修读国际名校涉农领域课程、参加国际学术会议和海外交流学习。

四、党支部开展对“高良润”实验班优秀人才的教学

学校聘请一批政治素质过硬、管理经验丰富、专业知识深厚、学术造

诣高、具有高级职称的教师担任学生的科研导师。学生根据导师所在研究团队的科研方向进行学习，融入导师的科研小组，导师负责指导学生学习专业知识和了解学科前沿发展，帮助学生进行学习进程规划，通过竞赛或完成项目，培养学生的创新创业能力和团队合作意识。为促进“高良润”实验班办学、提高拔尖创新人才培养质量，学校在奖学金、国外访学、校内图书馆资源和其他公共教学资源方面给予支持。为拓宽学生的国际视野，鼓励学生参加国际学术会议和赴海外交流学习（含专业实习、社会调研、文化交流、短期课程学习），或到相关国际组织实习实训，如参加智能农业装备复合型国际创新人才培养专项等。

五、党支部对“高良润”实验班优秀人才的培养措施

1. 深化思政引领，筑牢科研育人根基

思想政治教育乃科研育人之基石。党支部全面推动习近平新时代中国特色社会主义思想的深入学习与研究，以“新农科”建设为指引，将先进思想全方位融入学生科研教育的各个环节，构建“思政+科研”协同育人体系。通过生动案例，引导学生树立重视学习的理念、端正学习态度、激发学习动力、培养惜时勤学的良好习惯，切实提升学生的实践能力、科研能力与创新创业能力，为乡村振兴战略及农业农村现代化建设输送优秀人才。

2. 明确目标导向，助力学生逐梦前行

“凡事预则立，不预则废。”通过熟悉和融入大学生活，学生对自身、专业及社会已有一定认知。党支部引导学生依据社会发展趋势与个人兴趣爱好，明确大学期间的奋斗目标，并围绕总目标制定细致且切实可行的生涯规划，从年度计划到每周安排，激励学生朝着梦想奋勇前行。学生不断提升自身素质，为未来在激烈的竞争中把握机遇奠定基础，进而成长为农机等涉农行业的高水平乃至领军人才。

3. 分类培养与互助，促进产教科研融合

党支部依据学生毕业后的不同去向实施分类培养与锻炼，在教学、科研及社会服务等方面全方位支持人才培养工作。对于有志于升学深造的学生，着重培养其学科知识与研究创新能力，锻炼学生勤于思考、善于研究、敢于批判的思维品质；对于以就业为导向的学生，注重培养其理论联系实

际、科研成果转化应用的能力，同时鼓励他们积极参与实践活动与社会服务，积累为人处世的经验与能力。此外，两类学生组成团队参与科研活动，促进同一学科大类下不同子学科的交叉应用，加速科研成果转化进程。

4. 实施个性化培养，以赛促学激发潜能

基于学生的目标、专长与兴趣，导师为每位学生构建精准画像，制定个性化培养方案。引导学生提前融入导师科研团队，定期参与课题组的科研工作与学术活动，在问题的提出与解决过程中激发学生思维创新能力。依托高水平实验室，在导师指导下开展课题研究。“高良润”实验班学生以科研竞赛为平台，创新“科研培训+竞赛实践”的培养模式，秉持“面向全体、融合专业、分层实施、协同育人”的理念，将科研创新教育贯穿大学生培养全过程，提升学生学习兴趣与自主学习能力，营造以赛促学的良好氛围。

第四节　赓续耒耜薪火：“双带头人”教师党支部的传承与担当

一、创新联学机制，突破发展阻碍

江苏大学的诞生，源于毛泽东同志“农业的根本出路在于机械化”这一重要指示。半个多世纪以来，江苏大学智能农机装备创新团队秉持“为农服务、振兴乡村”的坚定信念，守“农”根、固“农”本，致力于为农业机械化与智能化发展注入力量。以高良润、钱定华等留学归国博士为代表的老一辈志士，为建校初心拼搏奋斗，培养出全国第一批农机本科、硕士，以及首位农机博士、博士后，创造了多项“第一”，如成功研制我国第一台半喂入自动脱粒机等。

为传承江苏大学农业工程学院独特的耒耜文化，本“双带头人”工作室开展了一系列特色活动。自“不忘初心、牢记使命”主题教育开展以来，农业工程学院党委紧扣“守初心、担使命，找差距、抓落实”的总要求，围绕践行为农服务初心，构建“学校—学院—支部—党员”下沉一级式的联学机制。将理论学习与实际行动紧密结合，把学习教育、调查研究、检视问题、整改落实贯穿主题教育全程，形成“联学现办”工作法，有效破除了发展过程中的“中梗阻”障碍，确保贯彻落实党和国家的方针政策不走样。

“联学现办”从三个层面逐步推进。学校党委理论学习中心组与学院党委理论学习中心组联合学习并现场办公，依据学院发展关键目标与时间节点，立足学校全局视角和学院自身特点，为学院建设发展提供全面指导，快速解决面临的难题；学院党委理论学习中心组深入基层，与党支部联合学习，为支部发展“把脉问诊”，现场解决问题；学院党委领导班子成员加强对所联系支部、班集体、群团组织的指导，强化基层组织建设。这种下沉一级的联学机制，形成了共同学习理论、携手解决难题的“联学联办”良好局面。

二、践行支农使命，助力乡村振兴

当下，我国正处于传统农业向现代农业转型的关键阶段，加快农业工程领域科技创新是国家重大战略需求。“中国要强，农业必须强；中国要美，农村必须美；中国要富，农民必须富。”农业现代化是实现中华民族伟大复兴的关键。在此背景下，农业工程学院党委深入学习贯彻习近平总书记给全国涉农高校的书记校长和专家代表的回信精神，围绕“初心是什么、使命干什么、奋斗为什么”展开深入探讨，进一步明确为农服务初心，积极投身支农服务。

在得知赵亚夫种植基地的再生越光稻机械收获遭遇困难后，学院党委迅速组织专家研讨，并主动将技术、服务、设备送至基地。“把论文写在产品和大地上”是江苏大学农机人的坚定信念与行动指南。多年来，江苏大学农机师生奔赴祖国各地田间地头，为落实“藏粮于地、藏粮于技”国家战略辛勤耕耘。

江苏大学农机人多次前往句容戴庄村再生越光稻种植基地，实地察看稻子长势，与赵亚夫交流再生稻（头季）机械收获难题，并介绍学院在专用联合收割机方面的最新研究进展与成果。基于实地考察和现有研究，李耀明、徐立章等教授联合沃得农机成功研制出适合收割再生越光稻的联合收割机，有效降低再生稻收割时的碾压率，助力越光稻增产，促进农民增收。

江苏大学农机人在推进中国农业农村现代化进程中始终坚守初心、稳步前行。未来，他们将继续深入贯彻落实习近平总书记对涉农高校的重要批示精神，开拓创新、积极进取，为助力乡村全面振兴、培养堪当民族复兴重任的时代新人，以及推动江苏“争当表率、争做示范、走在前列”贡献力量。

参考文献

［1］邓怡．新时代提高高校教师党支部书记“双带头人”培育工程建设实效性的三个维度［J］．北京教育（德育），2021（1）：18-22.

［2］宁堂原，任佰朝，李涛，等．高校“双带头人”教师党支部书记工作室模式与机制探索［J］．高教学刊，2023，9（28）：59-62，66.

［3］刘图其，匡宇威．高校教师党支部书记“双带头人”培育的机制困境及完善进路［J］．当代教育理论与实践，2023，15（6）：87-93.

［4］杨松菊，张鑫．高校教师党支部书记“双带头人”培育现状及其有效途径［J］．湖南科技学院学报，2023，44（3）：117-122.

［5］王平．高校教师党支部书记“双带头人”培育路径探究［J］．辽宁师专学报（社会科学版），2023（2）：117-118，131.

［6］曹鹏．高校教师党支部书记“双带头人”队伍建设探析［J］．党政论坛，2023（2）：40-42.

［7］单文周．高校党支部书记“双带头人”培育需把握“三个关键点”［J］．党史博采（下），2022（10）：64-66.

［8］贺卫．“三全育人”背景下高校教师党支部书记“双带头人”培育路径研究［J］．科技创业月刊，2022，35（A1）：141-143.

［9］林蓓，沈海军．高校“三全育人”模式的多维构建与实践创新：以汕头大学为例［J］．现代教育科学，2021（2）：63-69.

［10］习近平在全国高校思想政治工作会议上强调　把思想政治工作贯穿教育教学全过程　开创我国高等教育事业发展新局面［N］．人民日报，2016-12-09（1）.

［11］柳铎．高校党建工作与中心工作融合研究［J］．山东理工大学学报（社会科学版），2019，35（3）：60-64.

［12］李凡，朱喆．提升高校教师党支部组织力的实践进路［J］．学校党建与思想教育，2024（8）：24-26.

［13］齐梦瑶，徐岩松，许君清．群团改革视域下高校工会角色定位发展及职能优化研究：基于“中间领域治理”视角［J］．大学，2023（34）：26-29.

[14] 于霞，徐庚，刘晓雯．“双一流”建设视域下高校工会面临的挑战与作用优化研究［J］．山东工会论坛，2020，26（6）：65-70.

[15] 邹宽清．高职院校党建与工会工作融合探讨［J］．活力，2021（18）：59-60.

[16] 祝伟，兰日旭．“双带头人”工作室在高校基层党建中的建设经验及对策研究［J］．行政科学论坛，2023，10（7）：48-55.

[17]《教育部、财政部、国家发展改革委关于深入推进世界一流大学和一流学科建设的若干意见》，教研〔2022〕1 号.

[18] 许珺，倪海香．河北省高校留学归国人员作用发挥研究［J］．华章，2023（11）：78-80.

[19] 魏彬．高校归国留学人员政治引领和政治吸纳工作研究［J］．广东省社会主义学院学报，2022（3）：74-79.

[20] 杨公银．画好最大“同心圆”：毛泽东广交朋友对新时代统战干部联谊交友工作的启示［J］．广西社会主义学院学报，2019，30（6）：37-41.

[21] 齐春雷．试析新时代统一战线的基本特征［J］．陕西社会主义学院学报，2020（3）：13-17.

[22] 季燕萍．新时期下高校留学归国人员思政引领工作探析［J］．教师教育论坛，2019，32（3）：42-45.

[23] 教育部办公厅关于印发《新农科人才培养引导性专业指南》的通知［J］．中华人民共和国教育部公报，2022（11）：27-34.

[24] 丁南，王韵甜．产教融合背景下应用型本科会展专业项目式教学实施探索［J］．商展经济，2024（1）：189-192.

[25] 强华，邓凌云，李正网．协同育人视角下机械类本科毕业论文的改革探索［J］．科学咨询，2023（5）：256-258.

[26] 李鹏祥，高玉．毕业设计（论文）多元化模式的改革与探索［J］．科学咨询，2023（21）：251-253.

[27] 李书剑，孟磊，邢文龙．乡村振兴视域下涉农高校推动毕业生农村就业创业路径研究［J］．乡村论丛，2024（1）：111-115.

[28] 周玉洁．乡村振兴战略背景下涉农专业人才的培养策略［J］．南方农机，2020，51（15）：165-166.

[29] 尹西明，钱雅婷，武沛琦，等．场景驱动科技成果转化：理论逻

辑与过程机理［J］. 科学学研究，2024，42（11）：2286-2294.

［30］桂炎平，胡启帆，唐厚兴. 江西高校产学研协同创新研究［J］. 合作经济与科技，2024（7）：108-111.

［31］张发苏，欧莉. 当前高校党建与业务融合发展工作难题及对策研究［J］. 高教学刊，2021（11）：177-180.